Johannes Baumeister

Internet-basiertes Club-TV:

Eine neue Erlösquelle für Fußball-Bundesligavereine?

Johannes Baumeister

INTERNET-BASIERTES CLUB-TV:

Eine neue Erlösquelle für Fußball-Bundesligavereine?

ibidem-Verlag
Stuttgart

Bibliografische Information der Deutschen Nationalbibliothek
Die Deutsche Nationalbibliothek verzeichnet diese Publikation in der Deutschen Nationalbibliografie; detaillierte bibliografische Daten sind im Internet über http://dnb.d-nb.de abrufbar.

Bibliographic information published by the Deutsche Nationalbibliothek
Die Deutsche Nationalbibliothek lists this publication in the Deutsche Nationalbibliografie; detailed bibliographic data are available in the Internet at http://dnb.d-nb.de.

∞

Gedruckt auf alterungsbeständigem, säurefreien Papier
Printed on acid-free paper

ISBN-13: 978-3-8382-0119-1

Printed in Germany

Inhaltsverzeichnis

Abbildungsverzeichnis

Tabellenverzeichnis

Abkürzungsverzeichnis

ARD: Arbeitsgemeinschaft der öffentlich rechtlichen Rundfunkanstalten in Deutschland
BSkyB: British Sky Broadcasting Group plc.
CRM: Customer Relationship Management
DFB: Deutscher Fußball Bund e.V.
DFL: Deutsche Fußball-Liga GmbH
DSF: Deutsches Sportfernsehen
DSL: Digital Subscriber Line
EU: Europäische Union
FIFA: Fédération Internationale de Football Association
GmbH: Gesellschaft mit beschränkter Haftung
HD: High Definition
HDTV: High Definition Television
IPTV: Internet Protocol Television
Kbit/s: Kilobit/Sekunde
Mbit/s: Megabit/Sekunde
MUTV: Manchester United Television
OECD: Organisation for Economic Co-operation and Development
OVR: Ordnung für die Verwertung kommerzieller Rechte
PC: Personal Computer
PPV: Pay-per-View
RTL: Radio Television Luxemburg
TV: Television
UEFA: Union of European Football Associations
VDSL: Very High Speed Digital Subscriber Line
VHB: Verband der Hochschullehrer für Betriebswirtschaft e.V.
ZDF: Zweites Deutsches Fernsehen

0 Executive Summary

This survey aims at answering the question if internet-based club-TV is able to serve as a new revenue model for Football Bundesliga Clubs.
An extensive literature investigation shows that this field has not been covered by many research projects yet. Thus the following study is a contribution to close this research gap.
After presenting and evaluating the history of club-TV and its various television-based models in Europe and Germany the author analyses the changing media environment for internet-based club-TV resulting from technological, legal and economic developments. In addition, he gives an overview about the relevant stakeholder and about possible revenue models for club-TV. Revenues can be generated on three markets: The recipient-market by subscription, the advertising-market and the rights-market by selling of content to media companies. Furthermore it is possible to obtain revenues indirectly since club-TV causes strong marketing and cross-selling effects and helps increasing the revenues of other business areas the club is involved in.
An examination of the homepages of the top-five league clubs in Europe and of Germany's second league clubs aims at giving an overview about the existing business and revenue models concerning internet based club-TV. The results show big differences between the leagues in configuration and respective revenue models.
The main part of the survey is the evaluation of 16 semi-structured guided expert interviews by a qualitative content analysis. The experts who have been interviewed all work in the sports and media business for clubs, audiovisual media or media production companies. Moreover, one expert from an IPTV-magazine has been interviewed.
The results of the investigation show that even when the "killer content" in terms of live-Bundesliga-matches is missing, the content offered can still create interesting values for the clubs' target groups. Though at present the regulatory of DFL only allows a subscription-based club-TV, the ideal revenue model is still being highly discussed. Some experts would vote for an advertising-financed revenue model.
Different fields have been identified which strongly influence the revenue potential of Club-TV, i.e. Club-TV-specific factors and club-specific factors on the micro-economical level and the already mentioned technological, legal and economical factors on the macro-economical level. Whereas the legal development is hardly foreseeable, the improvement in the technological and economical field seems to be very

promising for club-TV. Besides, club-TV-specific factors like competence and experience or club-specific factors like the internal acceptance of club-TV tend to improve.

The author states as a central finding that club-TV can be a new revenue stream for big clubs of the German Bundesliga. These should try to create values for their recipients by showing live and exclusive content. In addition, the big clubs should integrate club-TV into their international marketing activities. It is also advisable to develop the channel for a wider distribution cross platform. Even smaller clubs with lower financial structure, lower fan base and less sporting success will be able to benefit from indirect revenues if they manage to run their club-TV cost-effectively with capable partners. All clubs should conceive their club-TV as a value network instead of a value chain in order to exploit the potential of all three markets and the possibilities of indirect revenues.

1 Einführung

"Successful and strategically clear thinking clubs continue to diversify and broaden their revenue mix to balance their business, protect against shifts in the broadcast market and steal a march on their competitors."[1]

1.1 Zielsetzung

Die fortschreitende Entwicklung der Breitband-Übertragungsnetze in Deutschland eröffnet dem Medium Internet völlig neue Möglichkeiten: Während vor wenigen Jahren die Übertragung von Bewegtbildern meist nur in Briefmarkengröße möglich war, können nun den Usern auch Bewegtbilder in hoher Qualität zur Verfügung gestellt werden. Nachdem den Fußball-Bundesligavereinen seit der letzten Rechtevergabe die zeitversetzte Nutzung ihrer Spielbilder im Internet erlaubt ist, nutzen auch mehr und mehr Clubs die Vorteile dieser technologischen Entwicklung und bieten ihre Spiele in Verbindung mit weiteren Videoangeboten auf einer eigenen Plattform an.

Profifußballvereine sind stets daran interessiert, ihre Einnahmen zu maximieren, um so einen möglichst hohen Betrag in die Entwicklung von Spielstärke investieren zu können.

In dieser Studie soll nun geklärt werden, welche Möglichkeiten sich durch ein eigenes Club-TV eröffnen und ob es für Bundesligavereine zur Generierung von zusätzlichen Erlösen geeignet ist. Die Studie ist 2008 am Lehrstuhl für Dienstleistungsmanagement an der Universität Bayreuth entstanden. Literaturquellen sowie die technologischen, rechtlichen und ökonomischen Rahmenbedingungen wurden nur bis zu diesem Jahr berücksichtigt.

1.2 Vorgehensweise

Das Thema Club-TV ist in der Forschung bislang nur rudimentär behandelt worden. Basierend auf einer ausführlichen Literaturrecherche gibt **Kapitel 2** einen kurzen Überblick über den Forschungsstand.

In **Kapitel 3** werden bisherige Modelle für Club-TV im herkömmlichen Fernsehen betrachtet. In Deutschland wurden relativ wenige und gleichzeitig erfolglose Anstrengungen in diese Richtung unternommen, deshalb werden hier auch die zum Teil erfolgreicheren Club-TV-Geschäftsmodelle im europäischen Ausland untersucht.

---

[1] Deloitte (2008), S. 3.

Anschließend gilt es in **Kapitel 4,** die Grundlagen für internetbasiertes Club-TV in Deutschland zu klären. Die technologischen Grundlagen umfassen dabei die technischen Voraussetzungen auf der Angebots- und Nachfrageseite sowie die Besonderheiten des Internets als Übertragungsmedium wie beispielsweise die Rückkanalfähigkeit und die globale Verbreitung.

Daneben spielen besonders rechtliche und ökonomische Aspekte eine wichtige Rolle. Die rechtlichen Grundlagen behandeln dabei vor allem die TV-Rechtesituation deutscher Bundesligavereine in den unterschiedlichen Wettbewerben. Die ökonomischen Grundlagen beschreiben vorrangig die Nutzerakzeptanz von Internet-TV und Sportangeboten im Internet.

In **Kapitel 5** werden die Stakeholder für Club-TV vorgestellt sowie mögliche Erlösquellen durch internetbasiertes Club-TV präsentiert. So können sowohl auf direktem Wege durch Werbung, Entgelte oder Verkauf von Inhalten Erlöse generiert werden, als auch auf indirektem Wege wie z.B. durch Imagegewinn oder die Nutzung von Cross-Selling-Potentialen.

Aufbauend auf den vorherigen Ausführungen werden in **Kapitel 6** die Club-TV Aktivitäten der Bundesligavereine sowie der vier weiteren europäischen Top-Ligen und der 2. Bundesliga auf Basis einer Internet-Recherche aufgeführt und verglichen.

Kapitel 7 bildet den Hauptteil der Studie. Anhand der Auswertung von leitfadengestützten Experteninterviews mittels der qualitativen Inhaltsanalyse wird die Wertschöpfung durch Club-TV-Angebote untersucht und das Erlöspotential analysiert.

Die anschließende Diskussion in **Kapitel 8** soll die beiden empirischen Teile mit den vorangegangenen Ausführungen verbinden, eine Antwort auf die zentrale Fragestellung bieten sowie Implikationen für Club-TV-Konzeptionen der Bundesligavereine liefern.

Die Studie schließt mit Überlegungen zu zukünftigen Medienstrategien von Vereinen und Medienunternehmen im Zusammenhang mit Club-TV und zeigt weitere Forschungsansätze auf.

1.3 Begriffliches

In der Literatur wird der Begriff Club-TV nicht ganz einheitlich verwendet. Auch eine Definition dazu sucht man leider vergeblich. Um Missverständnissen vorzubeugen wird deshalb eine eigene Definition konzipiert, nach der sich die Verwendung des Begriffes Club-TV in dieser Arbeit richtet. Nach Ansicht des Autors versteht man demnach unter Club-TV ein regelmäßiges, technologieunabhängiges, audiovisuelles

Angebot von vereinsbezogenen Inhalten, bei denen der Verein selbst für die Konzipierung verantwortlich ist oder zumindest ein Mitspracherecht bei der Auswahl der Inhalte besitzt.

Die Termini Verein und Club werden synonym verwendet und beziehen sich ausschließlich auf den Sportbereich. Außerdem spiegeln sie nicht immer die tatsächliche Rechtsform der Vereinigungen wieder.

Club-TV und Club-Fernsehen unterscheiden sich in dieser Arbeit ebenfalls nicht in ihrer Bedeutung.

Dagegen ist der Begriff Club-Sender nicht so weit gefasst. Er beschreibt Sender, die zumindest anteilig Eigentum des jeweiligen Vereins sind und schwerpunktmäßig über diesen berichten. Sie müssen ein laufendes Programm anbieten und in einem geschlossenen System über Kabel, Terrestrik, Satellit oder IPTV empfangbar sein. Rein Web-basierte Angebote sind hiervon ausgeschlossen.[2] Magazinsendungen, wie sie z.B. in Kapitel 3.3. beschrieben werden, sind hierin ebenfalls nicht enthalten.

2 Zur Abgrenzung von IPTV und Internet-TV bzw. Web-TV vgl. Kapitel 4.1.1.

2 Stand der Literatur

Dieses Kapitel soll einen Überblick über den bestehenden Forschungsstand zum Thema Club-TV geben. Durch eine systematische Literaturrecherche wurden relevante Artikel ermittelt, die kurz vorgestellt werden.

2.1 Vorgehensweise

Da das Thema Club-TV erst in den Jahren vor der Jahrtausendwende durch die Einführung von MUTV, dem clubeigenen Fernsehsender von Manchester United, aufgekommen ist, war es noch nicht häufig Gegenstand wissenschaftlicher Untersuchungen. Um aber trotzdem einen Überblick über die vorhandenen Arbeiten auf diesem Gebiet zu bekommen, wurde auf zwei verschiedenen Wegen recherchiert. Neben einer umfangreichen Sichtung von Bibliotheksbeständen im Bereich Sport und Medien überprüfte der Autor zahlreiche fachbezogene Zeitschriften. Der Begriff Club-TV lässt sich nicht eindeutig einer bestimmten Wissenschaftsdisziplin zuordnen, deshalb wurden Journals mit betriebswirtschaftlichem, medienwissenschaftlichem und sportökonomischem Hintergrund verwendet. Die Auswahl der Fachmagazine mit betriebswirtschaftlichem Hintergrund erfolgte auf Basis des VHB-Jourquals[3], einem Ranking betriebswirtschaftlicher Zeitschriften auf Grundlage von Expertenurteilen. Dabei wurden hauptsächlich marketingrelevante Zeitschriften gewählt, die mit A+ oder A bewertet wurden, ergänzt durch einige weitere betriebswirtschaftliche Magazine, die aufgrund ihres Titels eine hohe Trefferwahrscheinlichkeit vermuten ließen.
Die Auswahl der Journals mit medienwissenschaftlichem Hintergrund verlief hauptsächlich über die Sammlung medienrelevanter E-Journals der Universitätsbibliothek Bayreuth. Auch diese wurde ergänzt durch einige weitere Zeitschriften, die im Rahmen der allgemeinen Literaturrecherche als relevant eingeordnet wurden.
Aus dem Bereich der Sportökonomie wurden die Zeitschriften auf Basis der Empfehlungen der Fachhochschule Heilbronn sowie des Lehrstuhls für Dienstleistungsmanagement der Universität Bayreuth ausgewählt.
Insgesamt konnten so 88 Journale in den Jahrgängen 2001-2007 nach Beiträgen zum Thema Club-TV durchsucht werden. Die Methode war dabei – je nach Verfügbarkeit – entweder die Überprüfung der Inhaltsverzeichnisse der einzelnen Ausgaben oder die Eingabe von Key-Words in entsprechende Datenbanken.

---

[3] Vgl. Henning-Thurau et al. (2003).

2.2 Ergebnisse

Wie bereits im Vorfeld vermutet, existieren zum Thema Club-TV nur sehr wenige wissenschaftliche Untersuchungen. Aus allen überprüften betriebswirtschaftlichen Zeitschriften konnte nur ein relevanter Beitrag ermittelt werden. Gleiches gilt für die medienwissenschaftlichen Zeitschriften mit ebenfalls nur einem einzigen passenden Artikel. Ergiebiger gestaltete sich die Suche im Bereich Sportökonomie. Allerdings beschränken sich viele Beiträge auf Praxisbeschreibungen ohne theoretischen Hintergrund, weshalb sie nur bedingt brauchbar sind. Ein relevanter Artikel wurde im Rahmen der Bibliotheksrecherche gefunden. Tabelle 1 gibt eine Übersicht über die Resultate der Recherche.

Fry (2003) stellt fest, dass Sportrechteinhaber gerade durch die technologischen Entwicklungen immer häufiger über eigene Verbreitungsmöglichkeiten ihrer Sportinhalte nachdenken. Aus diesem Grund beschreibt er die wichtigsten Faktoren, die Vereine, Ligen oder Verbände beim Aufbau eines eigenen TV-Senders beachten müssen.

Ein sehr interessanter Beitrag stammt von **Boyle und Haynes (2004)**, die anhand von Experteninterviews die Strategien der Fußballclubs im Lichte der neuen Medien betrachten. Sie beschreiben dabei zunächst limitierende Faktoren wie mangelnde Eigenvermarktungsrechte der Clubs oder Schwierigkeiten, die neuen technologischen Möglichkeiten in erfolgreiche Geschäftsmodelle umzusetzen. Im Anschluss daran folgt eine Fallstudie von MUTV, ergänzt durch eine Erläuterung der Potentiale, die Breitband-Internet und Handy für englische und schottische Clubs bieten. Als Ergebnis halten sie fest, dass Investitionen in die neuen Medien eher langfristig Erlöspotential bieten. Davon werden vorrangig die großen Vereine bzw. globalen Marken profitieren. Ein übermäßiges Streben, die Fans zu Kunden zu machen, wird durchaus kritisch gesehen, da dadurch das generelle Interesse sinken könnte.

Jahr	Autor	Titel	Fundort
2003	Fry	Looking for the right Channel	Sportbusiness International
2004	Boyle/Haynes	Battle for control. Football clubs and new media strategy	Boyle/Haynes: Football in the new media age
2005	Grimshaw	Football Clubs net global winner	Marketing.London
2006	Klotz/Oediger	Neue Generation Klub-TV	Sponsors
2006	Smith	Serving the Fanatics	Sportbusiness International
2006	Burmaster	Getting On Target In The Changing New Media Landscape	Sportbusiness International
2006	Theyson	Willingness to pay for soccer reports on the internet	International Journal for Sports Marketing & Sponsorship
2007	Woratschek / Kunz/Ströbel	Schalke 04 TV, A Brand Alliance in the Spotlight of Sport and the New Media – Where's the beef?	Sport Marketing Europe
2007	Breunig	IPTV und Web-TV im digitalen Fernsehmarkt	Media Perspektiven
2007	Klotz/Weilguny	Sportmedien 2.0	Sponsors
2007	o.V.	Telekom bietet Internet-TV für alle Klubs	Sponsors

Tabelle 1: Relevante Artikel zum Thema Club-TV

Grimshaw (2005) erläutert in seinem Artikel anhand der Beispiele von Chelsea FC und Manchester United das Erlöspotential eines eigenen Club-Senders und kommt zu dem Ergebnis, dass dies für globale Marken durchaus ein Revenue-Bringer sein kann. Limitierender Faktor ist hierbei jedoch die geringe Eigenvermarktungsmöglichkeit der Spielbilder.

Eine Übersicht über die Angebote, Businessmodelle und Pläne der einzelnen Bundesligaclubs hinsichtlich Club-TV bieten **Klotz und Oedinger (2006).**

Smith (2006) zieht einen Vergleich zwischen den Medienstrategien der großen Clubs in Europa und USA. In Bezug auf Europa wird festgestellt, dass Club-TV eher langfristig als Erlösquelle geeignet ist, aber dass dadurch eine stärkere Bindung an den Verein sowie besseres Verständnis für den Verein geschaffen werden kann. Als Zielgruppe werden vorrangig die „Hardcore-Fans" gesehen.

Der Beitrag von **Burmaster (2006)** erläutert zunächst die stark ansteigende Nutzerakzeptanz von Online-Video-Content und das daraus resultierende Potential für Clubs, um dann die Geschäftsmodelle der europäischen Großclubs vorzustellen und miteinander zu vergleichen. Er kommt zu dem Ergebnis, dass hauptsächlich bei den englischen Clubs Manchester United und FC Liverpool durch Premium-Inhalte und vor allem durch exklusive Inhalte Zahlungsbereitschaft bei den Fans geweckt werden kann, welche zu zusätzlichen Erlösen führt.

Theyson (2006) untersucht anhand einer Online-Befragung der Fans von sieben Bundesligavereinen deren Zahlungsbereitschaft und Präferenzen für die zeitversetzte Verbreitung von Highlights und kompletten Spielen über das Internet. Als Resultat lässt sich festhalten, dass bei einer durchschnittlichen Zahlungsbereitschaft von 3,74€ diese Möglichkeit durchaus als Erlösquelle für die Clubs in Betracht kommt. Theyson stellt zudem fest, dass die Zahlungsbereitschaft unabhängig vom sportlichen Erfolg des Vereins ist.

Der Artikel von **Woratschek, Kunz und Ströbel (2007)** beschreibt die Chancen und Risiken, die sich aus der Markenpartnerschaft von FC Schalke 04 und der Online-Videothek Maxdome mit dem Produkt Schalke04-TV ergeben. Die Autoren kommen zu dem Schluss, dass die positiven Effekte der Partnerschaft überwiegen, da Schalke 04 von der Kompetenz und vom Kundenstamm seines Partners profitiert, Maxdome dafür seine Marke positiv aufladen und Neukunden generieren kann.

Im Rahmen seiner Marktanalyse von IPTV- und Web-TV-Angeboten stellt **Breunig (2007)** auch die Aktivitäten der Fußball-Bundesligavereine vor und ordnet sie als Konkurrenzangebote für Premiere und Telekom ein.

Klotz und Weilguny (2007) geben eine Marktübersicht über Geschäfts- und Erlösmodelle von Sportübertragungen im Internet und beurteilen ihr Erfolgspotential. Sie kommen zu dem Schluss, dass bislang fast alle Modelle noch geringe Erlöse generieren und aus diesem Grund die Club-TV-Angebote der Bundesligavereine oftmals mehr als Marketing- und Kommunikationstool denn als neue Erlösquelle gesehen werden.

Ein Artikel im Magazin **Sponsors (ohne Verfasser, 2007)** zeigt auf, dass Vereine aufgrund der hohen Investitionskosten oft nicht bereit bzw. nicht in der Lage sind, ein eigenes Club-TV anzubieten. Durch ein Kooperationsmodell der Deutschen Telekom mit den einzelnen Clubs ist jedoch auch finanzschwächeren Vereinen die Einführung eines derartigen Angebots möglich.

Zusammenfassend lässt sich festhalten, dass nur sehr wenige wissenschaftlich fundierte Studien zum Erlöspotential von Club-TV existieren. Diese Arbeit soll deshalb dazu dienen, die zweifellos vorhandene Forschungslücke in diesem Bereich ein wenig zu schließen.

3 Bisherige Modelle für Club-TV in Europa und Deutschland

Das folgende Kapitel soll einen Überblick über bisherige Modelle für Club-TV geben. Ziel ist, die dabei gemachten Erfahrungen zu verwerten, um daraus Erkenntnisse für das Erlöspotential internetbasierten Club-TVs abzuleiten.

3.1 Europa: Eigene Fernsehsender

Wie in vielen anderen Bereichen auch, die die Kommerzialisierung des Fußballs betreffen[4], war Manchester United Vorreiter in der Entwicklung des Club-TV in Europa. Deshalb soll in diesem Kapitel zunächst die Entwicklung von MUTV beschrieben werden, ehe ein kurzer Überblick über Club-TV-Aktivitäten in anderen Ländern folgt.

MUTV wurde 1998 als ein Joint-Venture zwischen Granada Media Group, BSkyB und Manchester United gegründet. Zunächst war der kostenpflichtige Sender über Kabel und Satellit zu empfangen, später wechselte man exklusiv auf Digital-Plattformen wie Sky Digital und NTL Digital. Inhaltlich wurden anfangs lediglich Live-Übertragungen der Jugend- und Reservemannschaften, Freundschaftsspiele des Profiteams sowie Interviews, Archivmaterial und Magazinsendungen geboten. Aus rechtlichen Gründen war es nicht möglich, Premier-League-Spiele zu zeigen. Trotzdem waren die Verantwortlichen von MUTV zuversichtlich, dass sich die Investitionen lohnen würden.[5]

Allerdings machte der Sender auch noch 2001 erhebliche Verluste.[6] Ab dieser Zeit führten vor allem zwei Gründe zu einer langsamen Verbesserung der Erlössituation. Zum einen änderte sich in England die Rechtslage, die eine zeitversetzte Eigenvermarktung von Premier-League-Spielen erlaubte,[7] und zum anderen konnte MUTV seine Verbreitung außerhalb Englands, vor allem in Nord- und Osteuropa, USA und Asien stetig verbessern. 2005 war es möglich, MUTV in 68 Ländern zu empfangen[8]. Allein in Großbritannien und Irland lag die Abonnentenzahl bei über 100 000[9].

---

4 Vgl. u.a. Garrahan (2003), S. 3 und Deloitte (2005), S. 6.

5 Vgl. zur Entstehungsgeschichte von MUTV: Crawford (1997), S. 12; European Media Business & Finance (1997), S. 1; Harverson (1997), S. 23; Boyle/Haynes (2004), S. 103f.

6 Vgl. Horizont Sportbusiness (2001a).

7 Vgl. Sportbusiness International (2002).

8 Vgl. Grimshaw (2005), S. 15.

9 Vgl. Grimshaw (2005), S. 15.

2007 vergrößerte Manchester United seinen Anteil an MUTV auf 66,67 %, einziger Miteigentümer ist seitdem nur noch Sky Ventures, eine Tochterfirma des englischen Pay-TV-Senders BSkyB[10].

Am Beispiel von MUTV orientierten sich in den darauffolgenden Jahren zahlreiche europäische Spitzenclubs. So eröffneten 2002 neben Manchester United unter anderem auch Real Madrid, FC Barcelona, Olympique Marseille, AC Mailand, Inter Mailand, AS Rom, FC Chelsea sowie die beiden Glasgower Clubs Rangers und Celtic ihren Fans das Angebot eines Club-Fernsehens[11]. Fast alle Club-Sender konnten in den ersten Jahren kaum Gewinne erwirtschaften[12], erst durch die Auswirkungen der Globalisierung, wodurch mehr und mehr Club-Sender auch im Ausland (vor allem in Asien) gezeigt werden, scheint sich das Einnahmepotential etwas zu verbessern. Das generell wachsende Interesse im In- und Ausland an europäischen Spitzenclubs[13] hat auch dazu geführt, dass mehr und mehr digitale Plattformen den Wert eines Club-TV-Angebots erkannt haben, um zusätzliche Abonnenten für ihren Pay-Content zu generieren[14].

Wohl aufgrund der positiven Entwicklung in den letzten Jahren haben sich in jüngster Zeit einige weitere erfolgreiche Vereine entschlossen, einen digitalen Club-Sender aufzubauen[15].

3.2 Deutschland: Clubmagazine

In Deutschland war die Einführung von vereinseigenen Fernsehsendern nie ein großes Thema. Dies lag mit Sicherheit auch an der in Europa wohl einzigartigen Vielfalt an Free-TV-Sendern[16] und der dadurch sehr geringen Akzeptanz von Pay-TV-Formaten. Trotzdem versuchten auch deutsche Vereine, ihre Anhänger mit Club-TV-

---

10 Vgl. Sportbusiness International (2007a).

11 Die Finanzierung erfolgte dabei fast immer über Pay-TV-Formate. Zwar versuchte sich Real Madrid kurzzeitig mit einem werbefinanzierten Angebot in Spanien, scheiterte aber. In der Auslandsvermarktung der Club-Sender finden sich durchaus unterschiedliche Geschäftsmodelle, auf die aber an dieser Stelle nicht näher eingegangen wird.

12 Vgl. Sportbusiness International (2006a).

13 Bereits 2003 wurden die Anhänger von Manchester United auf weltweit über 50 Millionen geschätzt, vgl. Garrahan (2003), S. 3.

14 So z.B. Sky Italia mit den Club-Sendern von AS Rom, AC Mailand und Inter Mailand oder Setanta Sports mit den Sendern von Liverpool FC, Arsenal London, Celtic Glasgow und Glasgow Rangers.

15 So z.B. Olympique Lyon (2005), Juventus Turin (2006), Liverpool FC (2007) und Arsenal London (2007).

16 Vgl. Peymani (2007), S. 8f.

Angeboten zu erreichen. Schalke 04 war 1997 der erste Club, der mit dem wöchentlichen Magazin „Auf Schalke – das Veltins Bundesligamagazin“ im DSF auf Sendung ging. Das Konzept sah Live-Fans im Studio vor, die sich auch aktiv mit Wortmeldungen an der Sendung beteiligen konnten. Dazu wurden Studiogäste eingeladen sowie Interviews und Beiträge über Schalke 04 eingespielt. Immerhin 71 Folgen wurden in über vier Jahren gezeigt, ehe das Format Anfang 2002 eingestellt wurde. Gründe hierfür waren sowohl die hohen Produktionskosten (ca. 25.000 €/Sendung)[17] als auch die stetig sinkenden Einschaltquoten (von zwischenzeitlichen Spitzenquoten von 500.000 auf 100.000 Zuschauer)[18] der Sendung. „Unter den gegebenen Bedingungen war die Sendung wirtschaftlich nicht mehr tragbar - weder für Schalke 04 noch für den langjährigen Titelsponsor Veltins"[19], so der Kommentar des damaligen Managers Rudi Assauer.

Aus ähnlichen Gründen wurden die vergleichbaren DSF-Formate von Hertha BSC Berlin („Hertha hautnah – das Arcor Fußballmagazin“) sowie Borussia Dortmund („Borussia“) nach relativ kurzer Zeit wieder eingestellt[20].

Auch der FC Bayern München startete 2003 mit einem Club-Magazin („Bayern-Magazin“) auf Premiere. Die wöchentliche Sendung von 30 Minuten wurde in Zusammenarbeit mit Bayern-Sponsor T-Online erstellt. 2004 wechselte das Format zum DSF. Obwohl das DSF die Sendung gerne weitergeführt hätte (bei durchschnittlichen Einschaltquoten von 180.000-270.000 Zuschauern)[21], entschied sich die Vereinsführung des FC Bayern nach nur einer Saison 2005 für die Einstellung des Formats[22].

Erfolgreicher verliefen einige Club-TV-Magazine in regionalen Fernsehsendern. Durch verhältnismäßig höhere Einschaltquoten aufgrund der regionalen Verwurzelung der Vereine sowie geringeren Produktionskosten (ca. 5000 €[23]) und verbesserter Einbindung von Sponsoren konnten einige erfolgreiche Sendeformate entstehen, wie die Beispiele von SC Freiburg (TV Südbaden), Frankfurt Galaxy (Rheinmaintv), Hamburg Freezers (Hamburg 1) oder 1. FC Köln (Center TV) zeigen[24].

---

17 Horizont Sportbusiness (2004a).
18 Vgl. Horizont Sportbusiness (2002a).
19 FC Schalke 04 (2004).
20 Vgl. Horizont Sportbusiness (2004b).
21 Vgl. Horizont Sportbusiness (2005).
22 Nach Aussagen der Vereinsführung, um „der Mannschaft den Druck zu nehmen“, vgl. Horizont Sportbusiness (2005).
23 Vgl. Weilguny (2005).
24 Vgl. Weilguny (2005); Sponsors (2006).

Zur Zukunft des Club-TV in Deutschland meinte deshalb 2002 der ehemalige DSF Senderchef Hagen Offermann: „Fakt ist, dass nur sehr wenige Fußball-Bundesligavereine über ein so großes Fanpotential auch außerhalb ihrer Heimatstadt und ihrer Heimatregion verfügen, als dass ein bundesweit ausgestrahltes Fanmagazin die Quoten erreicht, über die vor allem die Sponsoren und Geldgeber jubilieren würden.[25]" Die Aussage von Fry unterstützt diese Einschätzung: "National programming doesn't entirely work for many properties since they are not targeted at local pockets of support."[26]

3.3 Beurteilung der bisherigen Modelle in Bezug auf ihren Erfolg

Nach anfänglichen Schwierigkeiten haben sich einige Club-Sender europäischer Spitzenvereine relativ gut in der Sport-Fernsehlandschaft etabliert. Trotzdem bleibt zu beobachten, dass in den letzten Jahren der Großteil der europäischen Fußballvereine von der Verbreitung eines Club-TV-Angebots über Kabel oder Satellit Abstand genommen hat, wohingegen die Verbreitung des Club-TV über das Internet stark zunimmt.[27] Bemerkenswert ist zudem, dass fast ausschließlich die erfolgreichsten europäischen Clubs, die auch ein sehr überdurchschnittliches Fan-Potential besitzen, Club-Sender aufgebaut haben. Im Gegensatz dazu entschließen sich auch immer mehr Vereine, die nicht zur Crème de la Crème des europäischen Fußballs zählen, zu Club-TV-Angeboten über das Internet. Auch die Anbieter eigener Club-Sender wollen nicht auf zusätzliche Internet-Angebote verzichten. Deshalb ist der Schwerpunkt dieser Studie bewusst auf internetbasiertes Club-TV gelegt worden, da damit nicht nur ein elitärer Kreis europäischer Spitzenclubs angesprochen wird, sondern das Forschungsergebnis auch für durchschnittliche Bundesligavereine Relevanz besitzt.

---

[25] Horizont Sportbusiness (2002b).

[26] Fry (2003), S. 48.

[27] Vgl. Kapitel 6.

4 Grundlagen des internetbasierten Club-TV für Fußball-Bundesligavereine

Dieses Kapitel soll wichtige Grundlagen vermitteln, die für das Untersuchungsziel von entscheidender Bedeutung sind, da sie die Rahmenbedingungen auf Makroebene für internetbasiertes Club-TV darstellen. Die Grundlagen teilen sich auf in technologische, rechtliche sowie ökonomische Komponenten.

4.1 Technologische Grundlagen

Erst durch die fortschreitenden technologischen Verbesserungen wurde es möglich, Bewegtbilder über das Internet anzubieten.[28] Dieser Abschnitt soll einen Überblick über die wichtigsten Entwicklungen in diesem Bereich geben.

4.1.1 Begriffliches: IPTV versus Internet-TV

Gerade durch die schnellen Veränderungsprozesse im Bereich neue Medien sind viele neue Begriffe aufgekommen, die in unterschiedlichen Kontexten und mit verschiedenen Bedeutungen verwendet werden. Deshalb ist es unerlässlich, zunächst einige wichtige Begriffe zu definieren, um ein Verständnis der folgenden Kapitel zu gewährleisten.

IPTV und Internet-TV werden umgangssprachlich oft gleichgesetzt, doch gibt es einige entscheidende Unterschiede zwischen den Termini.

IPTV:

Der Begriff IPTV ist die Abkürzung für Internet Protocol Television und kann als Internet-Protokoll-Fernsehen übersetzt werden. Dabei findet die Datenübertragung über das Internetprotokoll IP statt.

Selbst in Fachkreisen wird der Begriff IPTV leider nicht ganz einheitlich verwendet. So versteht beispielsweise Breunig[29] unter IPTV „die digitale, auf dem Internetprotokoll basierende Übertragung von audiovisuellen Inhalten auf das Fernsehgerät", während für Hawley[30] bei IPTV das Endgerät auch variieren kann.

Grundsätzlich kann als Bestimmungsziel beim IPTV aber durchaus der Fernseher gesehen werden. Die Bild- und Tonqualität der übertragenen Fernsehprogramme ist da-

---

28 Einen geschichtlichen Überblick über die Entwicklung des Bewegtbildangebots im Internet bietet Keiper (2004), S.5ff.

29 Breunig (2007), S. 478.

30 Vgl. Hawley (2007), S. 3.

bei mindestens vergleichbar zu alternativen digitalen Übertragungswegen über Kabel, Satellit oder Terrestrik. Um die erforderliche hohe Bandbreite für die Übertragung von IPTV-Diensten sicherzustellen, wird IPTV über von Netzbetreiben kontrollierte geschlossene IP-Netze angeboten. Zudem wird zur Übertragung der Daten auf den Fernseher eine Set-Top-Box benötigt, die zwischen den Internetanschluss und den Fernseher geschaltet wird.[31]

Internet-TV:

Neben dem Begriff Internet-TV werden auch noch zahlreiche weitere Begriffe wie Web-TV, Internetfernsehen oder Online-TV genutzt, die aber alle im Grunde die gleiche Bedeutung haben.

Als Internet-TV bezeichnet man Fernseh- und Videoangebote, die über das World Wide Web öffentlich zugänglich meist durch Streaming-Verfahren[32] verbreitet werden. Bestimmungsort ist hier in der Regel der PC.

Die Qualität der Bewegtbilder kann beim Internet-TV durchaus variieren und ist in der Regel niedriger als beim digitalen Fernsehen. Zur Wiedergabe der Audio- und Videodateien reicht dafür im Normalfall ein normaler Web-Browser.[33]

Die Abgrenzung zwischen IPTV und Internet-TV ist sehr schwierig, was das folgende Zitat aus einer Goldmedia-Studie zeigen soll:

> *„Grundsätzlich handelt es sich auch bei in Webseiten eingebundenen Bewegtbild-Applikationen (WebTV) oder bei heruntergeladenen Videoclips um IP-basierte Fernsehinhalte und somit im engeren Wortsinn um IPTV. Dennoch stellen diese Dienste im Sinne dieser Studie kein IPTV dar. Es muss eine technische und inhaltliche Abgrenzung des Begriffs IPTV gegenüber Angeboten erfolgen, die vorrangig auf das Endgerät PC abzielen sowie in einem offenen unkontrollierten Netz verbreitet werden, dem WWW."*[34]

IPTV bezeichnet also den Übertragungsweg (Internet-Protokoll), während Internet-TV das Übertragungsmedium beschreibt. So ist es beispielsweise nicht möglich, über Internet-TV herkömmliche Fernsehsender zu betrachten, es sei denn, sie sind über das World Wide Web verfügbar. Die begriffliche Abgrenzung richtet sich in dieser Arbeit nach obiger Definition.

---

[31] Vgl. Breunig (2007), S. 478f.

[32] Vgl. Kapitel 4.2.2.

[33] Vgl. Breunig (2007), S. 479.

[34] Vgl. Goldmedia (2007), S. 12.

Zwar ist es durchaus wahrscheinlich, dass durch das als Konvergenz bezeichnete zunehmende Zusammenwachsen von Internet und Fernsehen[35] auch die unterschiedlichen Begrifflichkeiten sich mehr und mehr annähern[36], trotzdem bestehen aktuell noch diverse Unterschiede, die auch entscheidenden Einfluss auf die Konzeption von Club-TV-Geschäftsmodellen haben. Schon heute existieren aber Angebote, die sowohl am Fernsehgerät als auch am PC über das Internet zu nutzen sind[37].

4.1.2 Breitband-Technologie

Die Anzahl der Breitbandanschlüsse[38] in Deutschland ist in den vergangenen Jahren rapide gestiegen. Gab es im Jahr 2000 erst 0,2 Mio. Anschlüsse, so stieg die Zahl bis 2006 auf fast 15 Mio. an. 2015 wird sich die Anzahl noch einmal verdoppelt haben (Vgl. Abbildung 1).

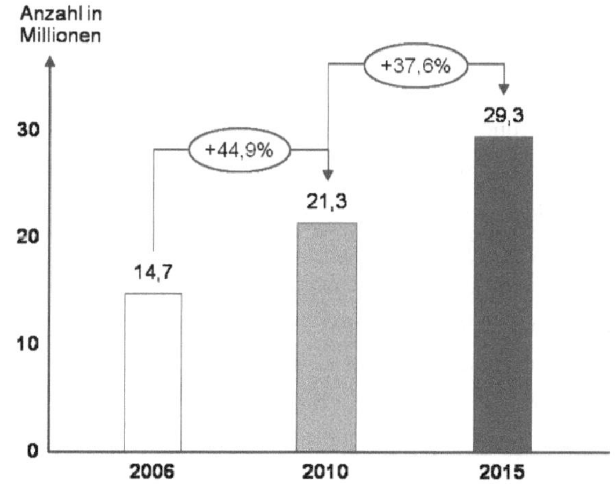

Abbildung 1: Entwicklung der Breitbandanschlüsse in Deutschland (Quelle: Wirtz, 2008, S. 9)

---

35 Vgl. exemplarisch Hunter (2007), S. 14.

36 Vgl. IPTV-Anbieter (2008).

37 So z.B. die Online-Videothek Maxdome, die Senderangebote von Grid-TV oder die ZDF Online-Videothek. Vgl. auch Breunig (2007), S. 480.

38 Es existiert keine einheitliche quantitative Definition für Breitbandanschluss. Häufig wird jedoch auf die Definition der OECD zurückgegriffen, die Anschlüsse mit einer Downloadgeschwindigkeit über 256kBit/s als Breitband definiert, vgl. OECD Broadband Subscriber Criteria (2008).

Die erforderliche Bandbreite zur Wiedergabe audiovisueller Inhalte hängt stark von der Größe und der Qualität der Daten ab. Breunig geht davon aus, dass ab einem „Anschluss von 2 Mbit/s (z.B. DSL 2000) Videobilder in für PC-Nutzer akzeptabler Qualität betrachtet werden [können].“[39]
Die kontinuierliche Übertragung von digitalen Videosignalen in Fernsehqualität benötigt bis zu 7 Mbit/s, für ein hochauflösendes HDTV-Signal sind etwa 12 bis 15 Mbit/s notwendig. Für den Empfang von mehreren IPTV-Kanälen pro Haushalt oder hochauflösenden HD-Inhalten werden Hochgeschwindigkeitsnetze benötigt.[40]

4.1.3 Breitband-Zugangstechnologien

Breitbandige Anschlüsse werden in Deutschland hauptsächlich über digitale Anschlussleitungen (DSL), Kabelfernsehanschlüsse (Kabelmodem), Satellit und Stromleitungen (Powerline) angeboten.[41]
In Deutschland bestanden dabei bislang kaum Alternativen zu DSL. Erst in jüngster Zeit haben auch Kabelnetzbetreiber begonnen, ihre Netze sukzessive umzurüsten, um einen Internet-Zugang anzubieten. Hintergrund ist dabei ein großer Konkurrenzkampf von Telekommunikationsanbietern und Kabelnetzbetreibern um einen gemeinsamen Markt, der als Triple Play bezeichnet wird. Dies umfasst das Angebot von Fernsehen, Telefon und Internet aus einer Hand, wodurch sich die beteiligten Unternehmen erhebliche Umsatzsteigerungen erhoffen.[42]
Aufgrund dieser Tatsache haben beide Unternehmensbranchen große Anstrengungen unternommen, um die Bandbreiten ihrer Netze zu erweitern. So bieten inzwischen die jeweiligen Marktführer Kabel Deutschland Anschlüsse von bis zu 26 Mbit/s, und die deutsche Telekom über ihren VDSL-Anschluss sogar bis zu 50 Mbit/s an.[43]
Nach einer Studie der Bundesnetzagentur werden die Kapazitäten der Internetverbindungen weiter stark steigen. So werden die Anschlüsse mit Geschwindigkeiten über 6 Mbit/s von 14,6 % im Jahr 2006 auf 64,1 % im Jahr 2015 steigen.[44]

---

39 Breunig (2007), S. 479.
40 Vgl. Hund (2007), S. 22; Breunig (2007), S. 479.
41 Vgl. Bundesnetzagentur Jahresbericht (2006), S. 62.
42 Vgl. Picot (2006), S. 2; Mahler (2006), S. 75ff; Wahl (2006), S. 89ff.
43 Vgl. Kabel Deutschland GmbH (2008). bzw. Deutsche Telekom AG (2008).
44 Vgl. Wirtz (2008), S. 10.

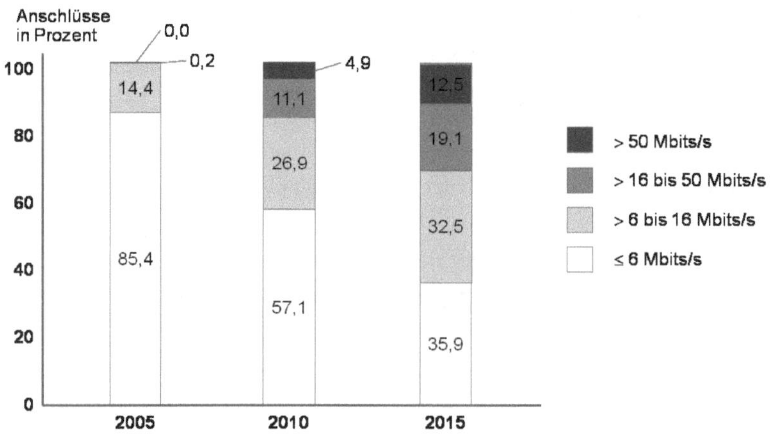

Abbildung 2: Entwicklung der Breitband-Bandbreiten bis zum Jahr 2015 (Quelle: Bundesnetzagentur Jahresbericht, 2006, S. 64)

Da die Internetanschlüsse über Satellit (meist mit einem Rückkanal via Telefon) eher an professionelle Anwender gerichtet sind[45] und die Verbindungen über Stromleitungen engen rechtlichen Beschränkungen unterliegen[46], werden sie hier nicht mehr näher erläutert.

Weitere Zugangstechnologien über Glasfaser und Funknetz (WLAN, WiMax) besitzen ebenfalls nur geringe Marktanteile und ihre zukünftigen Marktchancen sind noch nicht klar abzusehen.[47]

Trotz großer Investitionen konnte auch dem Internet-Zugang über Mobiltelefon noch nicht zum endgültigen Marktdurchbruch verholfen werden; hier bleibt es aber spannend, wie sich in dieses Marktsegment in Zukunft entwickeln wird.

4.1.4 Kompressionsverfahren

Neben den immer schnelleren Internetverbindungen haben auch stetig verbesserte Kompressionsverfahren von digitalisierten Bildern und Tonsignalen eine Verbreitung von audiovisuellen Inhalten über das Internet erleichtert. Durch die Kompression lässt sich ein Vielfaches an Videodaten über die gleiche Bandbreite übertragen. Er-

---

45 Vgl. Bundesnetzagentur Jahresbericht (2006), S. 64.
46 Vgl. Hund (2007), S. 25.
47 Vgl. Micus (2006), S. 12f.

wähnenswert sind an dieser Stelle hauptsächlich der MPEG (Moving Pictures Experts Group) Codec sowie der WMV (Windows Media Video Codec).[48]

4.1.5 Verbreitungsverfahren

Bei der Verbreitung von Videodaten im Internet wird neben dem klassischen Download hauptsächlich auf zwei verschiedene Arten, nämlich das Streaming- und das Peer-toPeer-Verfahren zurückgegriffen.

Das Streaming-Verfahren wird momentan von den meisten Anbietern verwendet. Dabei handelt es sich um die Übertragung von Audio- und Videoinhalten, bei der man bereits während der Übertragung den Inhalt verfolgen kann. Es ist somit nicht nötig, die Dateien zuerst komplett auf den Computer herunterzuladen, um sie danach ansehen zu können.

Es wird dabei zwischen Live-Streaming und On-Demand-Streaming unterschieden. Das System ist jeweils gleich, lediglich bei Letzterem hat der Nutzer die Gelegenheit, den Start der Übertragung selbst zu bestimmen sowie Funktionen wie Pause, Vorlauf oder Rücklauf zu betätigen, während beim Live-Streaming alle Nutzer gleichzeitig auf die Daten zugreifen.[49]

Relativ neu ist für Video-Inhalte das Peer-to-Peer-Verfahren, bei dem die Nutzer nicht wie beim herkömmlichen Streaming auf einen zentralen Server zurückgreifen, der die Daten sendet, sondern alle Computer über ein Netzwerk Daten direkt miteinander austauschen. Je mehr Zuschauer die Übertragung hat, desto besser ist dadurch die Qualität. Zudem sind die Distributionskosten für den Anbieter erheblich niedriger.[50] Allerdings ist diese Verbreitungstechnik gerade aus datenschutzrechtlicher Hinsicht noch relativ unausgereift und wird deshalb von offiziellen Anbietern nur wenig genutzt.[51]

4.1.6 Besonderheiten der internetbasierten Übertragung audiovisueller Inhalte

„Der Zuschauer wird künftig sehen können, was immer er will, wann immer er will, und wo immer er will.“[52] Diese Aussage von Gerhard Zeiler, dem Chef der RTL

---

[48] Vgl. Hund (2007), S. 10ff.

[49] Vgl. Röder (2005), S. 1f.

[50] Vgl. Breunig (2007), S. 483.

[51] Dafür aber umso mehr für illegale Verbreitungsmethoden, vgl. Kapitel 4.2.2.2. sowie Sponsors (2007a).

[52] Vgl. Klotz/Weilguny (2007).

Group beschreibt am besten die aktuellen grundlegenden Veränderungen in der Medienbranche. Hintergrund für diese Entwicklung ist vor allem die Existenz eines Rückkanals, der es dem Konsumenten erlaubt, mit dem Anbieter zu interagieren. Somit wandelt sich die Übertragung audiovisueller Bilder vom Push-Medium, bei dem der Anbieter dem Nutzer Inhalte anbietet, zum Pull-Medium, bei dem der Nutzer selbst entscheidet, was er sehen will und wann.[53] Zwar ist die Ortsgebundenheit derzeit noch nicht gänzlich überwunden, Entwicklungen im Mobilfunkbereich lassen aber durchaus eine solche Tendenz vermuten.[54]

Das Internet bietet hervorragende Möglichkeiten für Video-on-Demand-Angebote, welche dem Nutzer zeitliche Souveränität und inhaltliche Selektivität ermöglichen.[55] So kann beispielsweise ein Verein auf seiner Online-Plattform Videoinhalte anbieten und der User selbst kann entscheiden, welche Beiträge er sehen will und zu welcher Zeit. Zudem hat der Konsument im Internet die Option, aus einer unendlichen Fülle von Angeboten auszuwählen, während die Auswahl beim klassischen Fernsehen durch die Anzahl der empfangbaren Kanäle klar begrenzt ist.

Es ist jedoch an dieser Stelle wichtig anzumerken, dass auch das klassische Fernsehen durch die fortschreitende Digitalisierung mehr und mehr Möglichkeiten der Interaktion bietet. Dies kann als weiterer Hinweis auf die zunehmende Konvergenz der Medien Internet und Fernsehen gedeutet werden.

4.2 Rechtliche Grundlagen für Fußballübertragungen im Internet

Auch in rechtlicher Hinsicht hat die Entwicklung in den neuen Medien einige neue Problemfelder geschaffen, die einen entsprechenden rechtlichen Rahmen fordern. Schwierig ist hierbei vor allem die Tatsache, dass häufig sehr viele verschiedene Parteien beteiligt sind, deren einzelne Regelungen (z.B. Vereinsrecht, Verbandsrecht, EU-Recht, usw.) berücksichtigt werden müssen.

Gemäß den Statuten der UEFA bedeutet Medienrecht „das Recht, audiovisuelle, visuelle und/oder Audio-Berichterstattung aller [betreffenden] Spiele […] für einen Live-Empfang oder eine Aufzeichnung irgendwo auf der Welt in jeglicher Weise und in allen Medien, unabhängig davon, ob diese heute bekannt sind oder erst in Zukunft

---

[53] Vgl. Horizont Sportbusiness (2001b), S. 70; Downie (2004).
[54] Vgl. DocuWatch (2006), S. 30.
[55] Vgl. Kaumanns/Siegenheim (2006), S. 623.

entwickelt werden, zu produzieren und auszustrahlen (insbesondere alle Formen der Distribution durch das Fernsehen, das Radio, das Internet und die Mobiltelefonie), sowie alle damit zusammenhängenden oder verwandten Rechte, einschließlich interaktiver Rechte.[56]" Diese Definition liegt den folgenden Ausführungen zugrunde.

4.2.1 Die TV-Rechtesituation

Um die Jahrtausendwende wurde seitens der EU gegen viele europäische Fußball-Ligen ein Verfahren aufgrund kartellrechtlicher Bedenken eröffnet.[57] Hintergrund war die Vermutung von Verstößen gegen europäisches Wettbewerbsrecht durch die Zentralvermarktung einzelner Ligen. Erst durch einige Zugeständnisse der betroffenen Ligen[58] konnten die Kartellverfahren eingestellt werden. Dies führte in den meisten Fällen dazu, dass den Vereinen in den entsprechenden Ligen bedeutend mehr Möglichkeiten zur Eigenvermarktung ihrer Medienrechte geboten wurden.[59]
Im Folgenden sollen nun die für die Bundesligavereine relevanten Regelungen bezüglich audiovisueller Übertragungen im Internet skizziert werden.

4.2.1.1 Übertragung von Spielen der DFL

Grundsätzlich ist gemäß §6 Nr. 2a seiner Satzung für die Vermarktung der Spiele der 1. und 2. Bundesliga der Ligaverband zuständig. Allerdings kann die DFL gemäß §11 Nr. 2 OVR entsprechende Rahmenbedingungen für die Vermarktung festlegen. So dürfen seit der Saison 2006/07 Vereine der Fußball-Bundesliga direkt nach Spielschluss über ihre Ligaspiele auf der eigenen Homepage oder der von Dritten uneingeschränkt berichten. Um jedoch die TV-Partner der Liga (besonders die ARD-Sportschau) nicht zu kannibalisieren, haben sich die Clubs auf eine freiwillige Selbstbeschränkung geeinigt, nach der Bewegtbilder von Spielen der Fußball-Bundesliga nur noch in einem geschützten Pay-Content-Bereich angeboten werden dürfen.[60]

---

56 Reglement der UEFA Champions League 2007/08, Artikel 27.01a).

57 Von den „großen" Ligen waren hierbei vor allem die UEFA Champions League, die französische Ligue 1, die englische Premier League sowie die Bundesliga betroffen. In Spanien und Italien vermarkten sich die Vereine selbst.

58 z.B. DFL: verschiedene Rechtepakete, transparentes und diskriminierungsfreies Vergabeverfahren, Verträge nur über maximal drei Spielzeiten, vgl. Günther-Eickstädt (2005), S. 7.

59 Vgl. Günther-Eickstädt (2005), S. 6f.; Frey (2005), S. 6f.; Boyle/Haynes (2004), S. 44ff.

60 Vgl. Klotz/Oedinger (2006).

Eine Live-Audio-Berichterstattung ihrer eigenen Spiele über das Internet können die Vereine uneingeschränkt selbst oder durch ihre Dienstleister durchführen.[61]

4.2.1.2 Übertragung von Spielen des DFB

Sämtliche audiovisuellen Rechte für DFB-Pokal-Spiele liegen bei SportA, der Vermarktungsagentur von ARD und ZDF. Allerdings dürfen auch hier die Vereine nach Spielschluss in ihrem geschützten Pay-Content-Bereich die eigenen Spiele anbieten. Auch eine Live-Audio-Berichterstattung ist möglich.

4.2.1.3 Übertragung von Spielen der UEFA

Grundsätzlich ist die UEFA gemäß Artikel 48 ihrer Statuten ausschließlicher Inhaber aller Medienrechte für Spiele, die in ihren Zuständigkeitsbereich fallen. Allerdings werden den Vereinen je nach Wettbewerb gewisse Freiräume in der Eigenvermarktung eingeräumt.

Champions League:

Die Medienrechte für die Champions League werden bis auf wenige Ausnahmen komplett von der UEFA selbst vermarktet.[62]. Lediglich die Medienrechte für die Qualifikationsphase stehen den Clubs selbst zur Verfügung[63]. Zudem haben die Vereine die Möglichkeit, bestimmte Medienrechte in Übereinstimmung mit den „Richtlinien zu den Medienrechten der Vereine für die Champions League“ zu verwerten.[64] Dies umfasst hauptsächlich die Nutzung von Audiorechten (auch über das Internet), audiovisuelle Übertragungen über das Internet (ab Mitternacht des jeweiligen Spieltags) sowie eingeschränkte Mobilfunkrechte.[65]

UEFA-Pokal:

Für die Spiele des UEFA-Pokals muss zwischen Spielen bis einschließlich des Achtelfinals sowie Spielen ab dem Viertelfinale unterschieden werden. Bei ersteren haben die Vereine das Recht der Eigenvermarktung der Medienrechte, letztere werden zentral durch die UEFA vermarktet.[66] Wie bei der Champions League können aber auch hier bestimmte Medienrechte in Übereinstimmung mit den „Richtlinien zu den Me-

---

[61] Vgl. Durchführungsbestimmungen zu den Medienrichtlinien für die Spiele der Bundesliga und 2. Bundesliga, Saison 2007/08, Artikel 2.2.5.

[62] Vgl. Reglement der UEFA Champions League 2007/08, Artikel 27.02.

[63] Rechteinhaber ist immer der jeweilige Heimverein.

[64] Vgl. Reglement der UEFA Champions League 2007/08, Artikel 27.03a).

[65] Vgl. Reglement der UEFA Champions League 2007/08, Anhang VII.

[66] Vgl. Reglement des UEFA-Pokals 2007/08, Artikel 28.01, 29.01, 30,01.

dienrechten der Vereine für den UEFA-Pokal" durch die Clubs selbst verwertet werden.[67] Diese sind vergleichbar mit den Bestimmungen für die Champions League.[68] Das Reglement für den UEFA Intertoto-Cup lehnt sich an die Regelungen für den UEFA-Pokal bis zum Achtelfinale an[69], der UEFA-Superpokal hingegen wird ausnahmslos durch die UEFA vermarktet[70].

4.2.1.4 Übertragung von Privatspielen

Privatspiele sind Spiele, die von keinem übergeordneten Verband organisiert werden, beinhalten also alle Freundschaftsspiele und sonstigen Wettkämpfe. Diese können von den Vereinen selbst vermarktet werden. Allerdings behält sich die DFL ein Informationsrecht vor.[71]

4.2.2 Urheberrechtsverletzungen im Internet

Das Internet bietet viele neue Businessmodelle für Sport-Content, ein großes Problem für die Rechteinhaber stellt jedoch die Rechtepiraterie dar. Diese kann oftmals erhebliche finanzielle Auswirkungen nach sich ziehen, wenn beispielsweise Inhalte kostenfrei und illegal im Internet angeboten werden, die sonst nur kostenpflichtig erhältlich sind.

4.2.2.1 Das Problem „YouTube"

YouTube ist eine allgemein zugängliche Internetplattform, auf der Speicherplatz und Technik zur Veröffentlichung von Videoclips zur Verfügung gestellt werden. Die Besucher nutzen entweder das Angebot (User) oder stellen selbst Clips her und veröffentlichen sie (Produzenten). Bei vielen selbstgedrehten oder kopierten Videobeiträgen von Sportveranstaltungen handelt es sich dabei um Verletzungen der Urheberrechte der Veranstalter.

Die rechtliche Verfolgung der illegalen Inhalte ist aber meist äußerst schwierig. Dies liegt daran, dass nur der Produzent der Beiträge zu belangen ist, nicht aber die Plattform. Diese ist lediglich verpflichtet, bei Kenntnis von Urheberrechtsverletzungen die betreffenden Inhalte zu löschen.[72]

---

67 Vgl. Reglement des UEFA-Pokals 2007/08, Artikel 29.03, 30.03.
68 Vgl. Reglement des UEFA-Pokals 2007/08, Anhang VII.
69 Vgl. Reglement des UEFA Intertoto-Cup 2007, Artikel 27.
70 Vgl. Reglement des UEFA Superpokals 2007, Artikel 24.
71 Vgl. DFL: Ordnung für die Verwertung kommerzieller Rechte, §9.3.
72 Vgl. Goes (2006), S. 6f.

Trotzdem haben zahlreiche europäische Vereine und Verbände Klagen gegen solche Videoplattformen eingereicht, um zumindest eine verbesserte Überwachung der Videoinhalte zu erreichen.[73]
Einige Vereine versuchen, diesem Problem auch über eine verstärkte Kooperation zu begegnen. So bieten Clubs wie FC Chelsea, AC Mailand oder Bayern München eigene Inhalte auf YouTube an, die sie mit ihrem Pay-Content verbinden. Dadurch können neue Kunden angesprochen und auf die eigenen Angebote aufmerksam gemacht werden. Zudem erhält der Kooperationspartner das Recht, illegale Inhalte auf der Plattform nach Wahl entweder zu löschen oder zu bewerben.[74]

4.2.2.2 Peer-to-peer-TV

Ein weiteres Problem der Rechtepiraterie zeigt sich durch peer-to-peer-TV[75]. Dieses System des gegenseitigen Datentransfers hat bereits in der Musikbranche durch illegale Tauschbörsen zu riesigen Verlusten geführt. So können mit einer bestimmten Software Pay-TV-Programme entschlüsselt und frei zugänglich im Internet weiterverbreitet und ausgetauscht werden. Das kostenlose Betrachten wertvoller Sportrechte als Videostreams wird dadurch möglich.
Auch hier ist die rechtliche Verfolgung äußerst aufwändig, was gerade in Zukunft problematisch werden dürfte, sollte sich die Nutzung dieser Technologie noch stärker verbreiten.[76]

4.2.3 Rechtetrennung nach Medienarten vs. Medienkonvergenz

In Deutschland wurden die Medienrechte der Fußball-Bundesliga bislang in verschiedene Rechtepakete für die unterschiedlichen Technologien unterteilt. Auslöser für diese Art der Rechtevergabe waren unter anderem auch Vorgaben der EU-Kommission, um mehr Wettbewerb zu schaffen und damit das Kartellrechtsverfahren gegen die DFL einzustellen. Durch die zunehmende Konvergenz der einzelnen Technologien zeigt sich aber, dass die Abgrenzung der Rechtepakete voneinander immer schwieriger wird. Bestes Beispiel ist dabei die unterschiedliche Auslegung der Vertragslage bezüglich der Nutzung der Bundesliga-Übertragungsrechte durch die DFL und die Deutsche Telekom, was letztendlich nach einer außergerichtlichen Einigung

---

73 Vgl. New Media Age (2007), S. 3.
74 Vgl. Sportbusiness International (2007b); Maloney (2007).
75 Vgl. Abschnitt 4.1.5.
76 Vgl. Sponsors (2007a).

zu deutlichen Erlösminderungen für die DFL führte[77]. Obwohl der momentane Status quo mit nach Technologie getrennten Rechtepaketen fast nicht aufrechtzuerhalten ist, werden Änderungen ebenfalls äußerst schwierig, da in diesem Fall wieder die EU einschreiten könnte.[78]

4.3 Ökonomische Grundlagen für Club-TV im Internet

Eine durch fortschreitende Technologisierung veränderte Medienlandschaft führt auch zu starken ökonomischen Auswirkungen. Zwar wurde durch das Platzen der „Dotcom-Blase" im Jahr 2000 klar, dass die Möglichkeiten und Wachstumspotentiale des Internets nicht unendlich sind, trotzdem fordern die Entwicklungen der Medien ständige wirtschaftliche Anpassungsprozesse. Dieses Kapitel soll einen Überblick über die Akzeptanz des Mediums Internet und seiner Angebote liefern und somit eine Hinführung auf mögliche Geschäfts- oder Erlösmodelle für internetbasiertes Club-TV bieten.

4.3.1 Nutzerakzeptanz des Mediums Internet

Das Internet hat eine enorm schnelle Entwicklung hinter sich. Nutzten im Jahr 1997 erst 6,5 % der Deutschen dieses damals neue Medium, so waren es 2007 bereits 62,7 % (vgl. Tabelle 2).

	1997	**2001**	**2004**	**2007**
In %	6,5	38,8	55,3	62,7
In Mio.	4,1	24,8	35,7	40,8

Tabelle 2: Entwicklung der Onlinenutzung in Deutschland 1997 bis 2007 (Quelle: ARD/ZDF-Onlinestudie 2007) ***Basis: Bevölkerung ab 14 Jahren in Deutschland (gelegentliche Onlinenutzung)***

Noch interessanter wird es, wenn man die Altersstruktur der Internetnutzer betrachtet. So waren 2007 95,8 % der 14-19-jährigen und 94,3 % der 20-29-jährigen Deutschen zumindest gelegentlich online. Die über 60-Jährigen entdecken erst langsam das Internet, sind aber auch mit immerhin schon 25 % vertreten (vgl. Tabelle 3).

Alter	**14-19**	**20-29**	**30-39**	**40-49**	**50-59**	**60 +**
in %	95,8	94,3	81,9	73,8	64,2	25,1

Tabelle 3: Onlinenutzung 2007 (Quelle: ARD/ZDF-Onlinestudie 2007) ***Basis: Onlinenutzer ab 14 Jahren in Deutschland (gelegentliche Onlinenutzung)***

---

77 Hauptstreitpunkt war die bereits in Abschnitt 4.1.1. dargestellte Problematik der Begriffsabgrenzung zwischen Intenet-TV und IPTV. Die Deutsche Telekom wollte auch Übertragungswege via Kabel und Satellit auf Basis eines IP-Protokolls nutzen, während für die DFL diese Möglichkeit selbstverständlich nicht vorgesehen war, da dies die exklusiven Fernsehrechte von Arena beeinträchtigt hätte.

78 Vgl. Beer (2007).

Die durchschnittliche tägliche Verweildauer im Internet lag 2007 bei 118 Minuten.[79] Hauptanwendungen waren 2007 das Versenden von E-Mails sowie die Nutzung von Suchmaschinen. Dies spiegelt sich auch in der Tatsache wider, dass 72 % das Internet vorrangig zum Erhalt von Informationen nutzen. Allerdings überwiegt bei den 14-19-Jährigen eher das Bedürfnis nach Unterhaltung.[80]

4.3.2 Nutzerakzeptanz von Internet-TV

Die Nutzung von audiovisuellen Inhalten im Internet hat sich in den letzten Jahren ebenfalls deutlich verstärkt. Allein zwischen 2006 und 2007 verdoppelte sich die Zahl derer, die mindestens einmal wöchentlich Videodateien im Internet abrufen. Besonders stark nutzen diese Möglichkeit die Jugendlichen zwischen 14 und 19 Jahren, wo bereits fast jeder zweite Onlinenutzer Videodateien abruft (Vgl. Tabelle 4).

	Σ	♀	♂	14-19	20-29	30-39	40-49	50-59	60 +
2006	7	3	11	22	10	7	3	2	1
2007	14	8	19	46	24	9	3	7	2

Tabelle 4: Abruf von Videodateien im Internet 2006-2007 (Quelle: ARD/ZDF-Onlinestudie 2007) ***Basis: Onlinenutzer ab 14 Jahren in Deutschland, Abruf mindestens einmal wöchentlich, Angaben in Prozent***

Für eine gute Darstellungsqualität der Videoinhalte ist eine entsprechende Bandbreite der Internet-Verbindung erforderlich, über welche aber immer mehr Haushalte in Deutschland verfügen.[81]

Nach der Auflistung des Global internetTV-Portals existieren weltweit über 2700 Internet-TV-Angebote, wobei hierunter nicht nur Live-Streaming-Angebote, sondern auch die Websites der klassischen Fernsehsender mit ihren Video-on-Demand-Diensten fallen. Allein in Deutschland gibt es laut Global internetTV-Portal mehr als 480 Internet-TV-Angebote[82].

IPTV-Angebote haben sich bislang in Deutschland noch nicht durchgesetzt. Dies liegt aber vor allem daran, dass an vielen Orten noch keine Bandbreiten existieren, die IPTV ermöglichen. Allerdings schätzen zahlreiche Marktforschungsinstitute die

---

[79] Vgl. ARD/ZDF-Onlinestudie 2007.
[80] Vgl. ARD/ZDF-Onlinestudie 2007.
[81] Siehe Kapitel 4.1.2 und 4.1.3.
[82] Global internetTV-Portal, Stand 03/2008.

zukünftige Entwicklung sehr positiv ein. Die Goldmedia GmbH rechnet beispielsweise mit 2,5 Mio. IPTV-Haushalten im Jahr 2012[83].

4.3.3 Der Markt für audiovisuelle Sportangebote im Internet

Auch der Markt für Sportinhalte über Internet-TV hat sich sehr schnell entwickelt. Aktuell gibt es weltweit über 300 Internet-TV-Angebote, die auf Sport fokussiert sind. In Deutschland sind es derzeit knapp 70.[84]

Bei der Art der Angebote fällt vor allem auf, dass Sportarten, die auf relativ wenig Interesse in der Öffentlichkeit stoßen, über das Internet die Möglichkeit haben, direkt ihre Zielgruppe zu bedienen. Die Überlegung dabei ist, Spezialprogramme für sehr spitze Zielgruppen anzubieten, bei denen Zahlungsbereitschaft vorhanden und zielgruppenspezifische Werbung ohne Streuverluste umsetzbar ist.[85]

Die Anbieter sind dabei vielschichtig. So betreiben Vereine und Verbände eigene Online-Plattformen, aber auch klassische Fernsehsender bieten Übertragungen im Internet. Zahlreiche weitere Medienunternehmen nutzen ebenfalls die neuen Möglichkeiten des Internets für Angebote mit audiovisuellem Sportcontent. Eine Übersicht aktueller Sportangebote im Internet zeigt Tabelle 5, welche jedoch keinen Anspruch auf Vollständigkeit erhebt.

Anbieter	Inhalt	Sendestart
Eurosport	Übertragung diverser Sport-Events	2002
T-Online	Fußballbundesliga als Zusammenfassung	Aug. 2004
ARD und ZDF	Übertragung diverser Sport-Events	Feb. 2006
Sport1.TV	Tägliche Online-Sportsendung	Feb. 2006
DEL-TV	Highlight-Zusammenfassung der DEL-Spiele	April 2006
Premiere	Live-Übertragung diverser Sport-Events	Sept. 2006
Sportdigital.TV	Live-Übertragung aus HBL und BBL	Jan. 2007
Speedup-TV	Sportarten aus dem 32er-Vertrag sowie Motorsport	März 2007
DTTL-TV	Live-Übertragung der Tischtennis-Liga	Aug. 2007
Golfdigital.tv	u. a. Turniere, Dokumentation, Training-Videos etc.	Sept. 2007

Tabelle 5: Audiovisuelle Sportangebote im Internet, Stand 09/07 (Quelle: Weilguny, 2007)

83 Vgl. Goldmedia (2007a).
84 Global intenetTV-Portal, Stand 03/2008.
85 Vgl. Goldmedia (2007b), S. 12.

Für den IPTV-Markt ist gerade die Massensportart Fußball elementarer Bestandteil von IPTV-Angeboten, um diese erfolgreich zu vermarkten.[86] Der Preis von 40 Millionen Euro, den die Deutsche Telekom für die Internetrechte der Fußball-Bundesliga bezahlte, lässt sich vorrangig unter dem Gesichtspunkt einordnen, die Attraktivität des eigenen IPTV-Angebots damit zu stärken.

Auf der Seite der Nachfrager lässt sich allerdings feststellen, dass die Anbieter den Konsumenten teilweise noch einen Schritt voraus sind. Auf die bislang mangelnde Marktdurchdringung von IPTV wurde bereits eingegangen, aber auch für Internet-TV gilt (noch): „Der Fan sieht Sport allen technischen Revolutionen zum Trotz weiterhin am liebsten vor dem heimischen Fernseher – und dies vorzugsweise kostenlos.“[87]

Auf die Ausgestaltung möglicher Geschäfts- und Erlösmodelle wird im folgenden Kapitel eingegangen.

---

[86] Vgl. Goldmedia (2007b), S. 14.

[87] Klotz/Weilguny (2007).

5 Geschäfts- und Erlösmodelle für Club-TV: Eine Hinführung

Nachdem im vorangegangenen Kapitel die Makroebene betrachtet wurde, soll dieses Kapitel nun wichtige Voraussetzungen auf Mikroebene für die Beurteilung des Erlöspotentials von Club-TV liefern. Dabei werden zunächst theoretische Grundlagen vorgestellt, anschließend wird der Markt für Club-TV näher betrachtet.

5.1 Begriffliches

Um einen Überblick über mögliche Erlösquellen für internetbasiertes Club-TV bieten zu können, ist es zunächst unerlässlich, einige Grundbegriffe vorzustellen und zu definieren.

5.1.1 Wertschöpfung

Nach Woratschek sind „Aktivitäten [...] immer dann wertschöpfend, wenn das Ergebnis der Aktivitäten einen höheren Wert hat als die für die Aktivität eingesetzten Faktoren."[88] Stauss und Bruhn[89] unterscheiden zwischen einer Wertschöpfung aus Unternehmenssicht (inputorientiert) und einer Wertschöpfung aus Kundensicht (outputorientiert): Der inputorientierte Ansatz beurteilt die Wertschöpfung danach, welcher Wert den Vorleistungen durch die betrieblichen Prozesse hinzugefügt wird. Im Gegensatz dazu wird beim outputorientierten Ansatz der Wert betrachtet, den der Kunde einem Gut beimisst. Hier ist die Wertschöpfung also das Ergebnis einer Kosten-Nutzen-Abwägung des Kunden (Vgl. Tabelle 6).

Betriebliche Wertschöpfung (inputorientiert)	=	Wert der abgesetzten Leistungen	-	Wert der Vorleistungen
Kundenbezogene Wertschöpfung (outputorientiert)	=	Nutzen der erhaltenen Leistung für den Kunden	-	Kosten des Kunden

Tabelle 6: Input- und outputorientierte Wertschöpfung (Quelle: In Anlehnung an Stauss/Bruhn, 2007, S. 5f)

Zwischen der unternehmensorientierten und der kundenorientierten Wertschöpfung bestehen starke Interdependenzen, weshalb beide Sichtweisen nicht isoliert voneinander betrachtet werden sollten.[90]

88 Woratschek (2005), S. 30.
89 Vgl. Stauss/Bruhn (2007), S. 5ff.
90 Ausführlicher dazu vgl. Stauss/Bruhn (2007), S. 5ff.

5.1.2 Geschäfts- und Erlösmodelle

Geschäftsmodelle sollen eine Übersichtsdarstellung der zu betrachtenden Organisationseinheiten und deren Geschäftstätigkeit bieten. Daraus können dann Aussagen über Prozesse, Finanzströme und kritische Erfolgsfaktoren gezogen werden.[91] Leider werden die Begriffe Geschäfts- und Erlösmodell in der Literatur sehr uneinheitlich verwendet, was sich in zahlreichen unterschiedlichen Definitionen wiederspiegelt.[92]
In dieser Arbeit wird auf die Definitionen von Amit/Zott zurückgegriffen:[93]

> *„A business model depicts the content, structure, and governance of transactions designed so as to create value through the exploitation of business opportunities."*[94]

Das **Geschäftsmodell** resultiert also aus den durchgeführten Aktivitäten zur Wertschöpfung, welche hinsichtlich ihres Inhalts, ihrer Struktur und ihrer Steuerung näher beschrieben werden.

> *"A revenue model refers to the specific modes in which a business model enables revenue generation."*[95]

Das **Erlösmodell** erklärt dagegen die Art und Weise, wie auf Basis der ausgeführten Aktivitäten Erlöse generiert werden können. Das Erlösmodell ist somit als eine Konkretisierung des Geschäftsmodells zu verstehen. Dabei können verschiedene Formen der Erlöserzielung auf das jeweilige Geschäftsmodell angewandt werden.[96]
Das Geschäftsmodell beschäftigt sich also vorrangig mit der „value creation" (Wertschöpfung), während das Erlösmodell auf die „value appropriation" (die Generierung von Erlösen) abstellt.[97]

5.1.3 Typologie von Wertschöpfungskonfigurationen

„Eine grundsätzliche Systematisierung der Wertschöpfungskonfigurationen ist unerlässliche Voraussetzung für die Definition, Analyse und Planung unterschiedlicher

---

91 Vgl. Scheer/Deelmann/Loos (2003), S. 7.
92 Eine Übersicht über verschiedene Definitionen für Geschäftsmodelle bieten Scheer/Deelmann/Loos (2003), S. 8ff.
93 Für eine ausführliche Begründung zur Vorteilhaftigkeit der genannten Definition vgl. Woratschek/Roth/Pastowski (2002), S. 58.
94 Amit/Zott (2001), S. 511.
95 Amit/Zott (2001), S. 515.
96 Vgl. Woratschek/Roth/Pastowski (2002), S. 58.
97 Vgl. Amit/Zott (2001), S. 515.

Geschäftsmodelle."[98] Deshalb wird im Folgenden eine Typologie verschiedener Wertschöpfungskonfigurationen vorgestellt.[99]

Als das traditionellste Analyseinstrument der Wertschöpfung gilt die **Wertkette** von Porter.[100] Diese beschreibt Aktivitäten, bei denen die Wertschöpfung vorrangig über die Transformation von Produktionsfaktoren in Güter und Dienstleistungen erfolgt. Dabei wird zwischen primären und unterstützenden Aktivitäten unterschieden (vgl. Abbildung 3). Die primären Aktivitäten (Eingangslogistik, Operationen, Ausgangslogistik, Marketing/Vertrieb, Kundendienst) sind direkt an der Wertschöpfung für die Kunden und somit an der Gewinnerzielung beteiligt. Die unterstützenden Aktivitäten (Unternehmensinfrastruktur, Personalmanagement, Technologieentwicklung, Beschaffung) sind für den Anbieter zur Leistungserstellung notwendig und fließen in den Wert der primären Aktivitäten ein. Sie verlaufen parallel zu den primären Aktivitäten.

Unterstützende Aktivitäten	Unternehmensinfrastruktur					Gewinnspanne
	Personalmanagement					
	Technologieentwicklung					
	Beschaffung					
Primäre Aktivitäten	Eingangs-logistik	Operationen	Ausgangs-logistik	Marketing/ Vertrieb	Kunden-dienst	

Abbildung 3: Aktivitätenkonfiguration der Wertkette (Quelle: Woratschek et al., 2002, S. 59; dort in Anlehnung an Porter, 1985, S. 37)

Stabell/Fieldstad[101] zeigen jedoch, dass die Wertkette für viele Geschäftsbereiche als Basis einer universellen Typologie von Wertschöpfungskonfigurationen ungeeignet ist und entwickeln daraus den Wertshop sowie das Wertnetzwerk. Der **Wertshop** konzentriert sich nicht auf die Produktion standardisierter Produkte, sondern zielt auf die Problemlösungsfunktion ab. Beispiele sind hierbei vor allem Dienstleister wie

---

[98] Woratschek/Roth/Pastowski (2002), S. 59.

[99] Für eine ausführliche Darstellung der verschiedenen Wertschöpfungskonfigurationen vgl. Woratschek/Roth/Pastowski (2002), S. 58ff.

[100] Vgl. Porter (1985), S. 33ff.

[101] Vgl. Stabell/Fjeldstad (1998), S. 420ff.

Rechtsanwälte, Ärzte oder Unternehmensberater, die individuelle Lösungen mit hohem Interaktionsgrad für ihre Kunden anbieten. Für die Zielsetzung dieser Studie ist der Wertshop jedoch wenig relevant und wird deshalb nicht weiter ausgeführt.

Das **Wertnetzwerk** beschreibt als zentrales Element die Intermediationsfunktion. Hier erfolgt die Wertschöpfung, indem eine Plattform errichtet wird, auf der unterschiedliche Konsumenten, Unternehmen, Organisationen oder andere Interessenten miteinander in Kontakt treten können. Die primären Aktivitäten bestehen hier aus der Netzwerkpromotion (Vermarktung des Netzwerks, Vertragsmanagement), dem Netzwerkservice (Herstellung, Unterhaltung und Beendigung von Kontakten, Abrechnung) sowie der Netzwerkinfrastruktur (Teilnahmestandards für die Kunden). Die unterstützenden Aktivitäten entsprechen denen der Wertkette. [102]

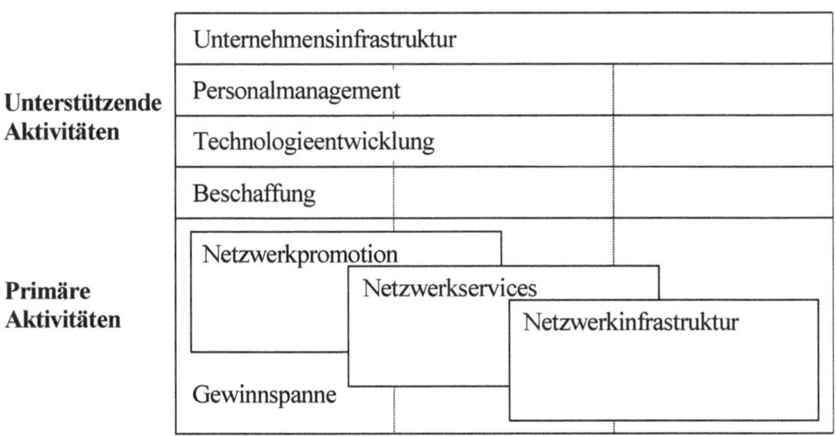

Abbildung 4: Aktivitätenkonfiguration des Wertnetzwerks. (Quelle: Woratschek et al., 2002, S. 62; dort in Anlehnung an Stabell & Fjeldstad, 1998, S. 430.)

Kennzeichnend für das Wertnetzwerk ist, dass die Ausführung der Aktivitäten simultan erfolgt, während bei der Wertkette ein sequenzieller Ablauf im Vordergrund steht.

5.2 Die Stakeholder im Markt für Club-TV

Wie bereits ausführlich in Kapitel 4 dargestellt, haben erst die Entwicklungen im technologischen, rechtlichen und ökonomischen Bereich dazu geführt, dass Vereine in größerem Maße Club-TV anbieten.

[102] Vgl. Woratschek/Roth/Pastowski (2002), S. 61f.

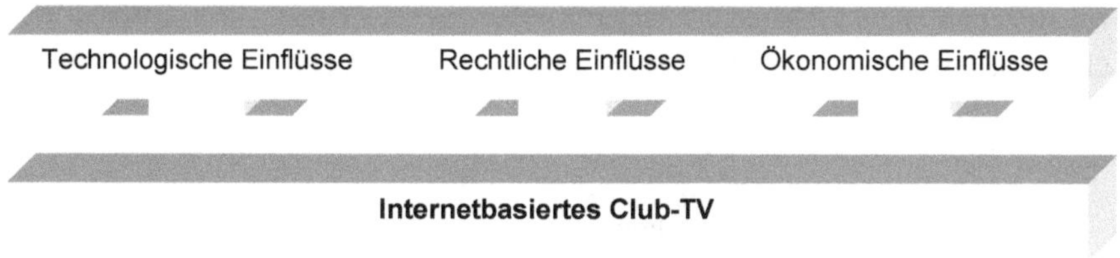

Technologische Einflüsse Rechtliche Einflüsse Ökonomische Einflüsse

Internetbasiertes Club-TV

Abbildung 5: Einflüsse auf Club-TV-Angebote (Quelle: eigene Darstellung)

Durch die Einführung eines eigenen Club-TV werden die Vereine in einem Bereich tätig, der zumindest partiell auch durch andere Medien wahrgenommen wird. Somit erweitern sie ihren Anteil an der Wertschöpfung, da Teile der Medienrechte nicht mehr, wie bisher, an Medienunternehmen verkauft werden, sondern nun selbst verwertet werden.[103] Durch dieses Verhalten – auch als vertikale Integration bezeichnet – ändern sich auch die Konstellation und die Ausrichtung der Stakeholder eines Vereins. Als solche können „alle internen und externen Personengruppen [bezeichnet werden], die von den unternehmerischen Tätigkeiten gegenwärtig oder in Zukunft direkt oder indirekt betroffen sind".[104] Im Folgenden sollen die hauptsächlichen Anspruchsgruppen kurz skizziert werden.

Politik und Rechtssprechung sowie **Ligen und Verbände** haben einen entscheidenden Einfluss darauf, welche Rechte den Clubs zur Verfügung stehen.[105] **Spieler und Personal** liefern den Inhalt für Club-TV und sind damit von essentieller Bedeutung. **Vermarkter und technische Dienstleister** können bei der Realisierung eines Club-TV-Angebots behilflich sein. Sehr vielfältig ist die Rolle der **Medien**. Sie können einerseits als Partner an der Erstellung des Angebots beteiligt sein. Andererseits kann Club-TV durchaus als Konkurrenzprodukt für andere Medienprodukte gesehen werden. Eine dritte Möglichkeit ist, dass Medien als Kunden auftreten, indem sie Rechte oder Lizenzen für die Ausstrahlung gewisser Inhalte von den Vereinen erwerben. Weitere Kunden sind ***Sponsoren und Werbewirtschaft*** sowie ***Fans und Rezipienten***.[106] Eine spezielle Rolle spielen andere ***Vereine***. Auch wenn sie selbst Club-TV anbieten, können sie trotzdem nicht zu klassischen Konkurrenten gezählt werden, da die Fan-Loyalität zum eigenen Club sehr stark ist.[107] Trotzdem können aufgrund

---

[103] Vgl. Gratton/Solberg (2007), S. 98, 102ff, 112f., Zimbalist (2006), S. 169ff.
[104] Gabler (2005), S. 140.
[105] Vgl. Kapitel 4.2
[106] Vgl. dazu ausführlicher die folgenden Kapitel.
[107] Vgl. Gerrard (2006), S. 29, Chadwick (2006), S. 153.

des Angebots anderer Vereine die eigenen Fans durchaus Druck auf den Verein ausüben, ebenfalls ein solches Angebot zu schaffen.[108] Eine Übersicht bietet Abbildung 6[109].

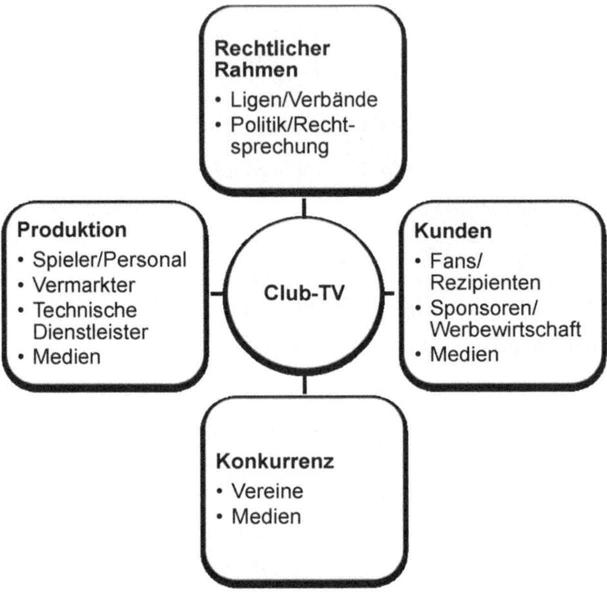

Abbildung 6: Auswahl wichtiger Stakeholder für Club-TV (Quelle: Eigene Darstellung)

5.3 Erlöspotentiale für Club-TV

Durch ein Club-TV-Angebot können auf verschiedene Weise Erlöse erzielt werden. Insgesamt lassen sich dabei drei verschiedene Märkte anführen. Zunächst können Erlöse durch die Rezipienten generiert werden. Dies ist der Fall, wenn sie für die Nutzung des Club-TV ein Entgelt bezahlen müssen. Eine weitere Möglichkeit ist die Erlöserzielung über Werbemärkte. Hier bezahlen Unternehmen für die Kontaktvermittlung zum Konsumenten. Als dritte Erlösquelle kommen die Rechtemärkte in Frage. Dort können durch den Verkauf von Rechten oder Lizenzen an Medienunternehmen Einnahmen erzielt werden.

---

108 Vgl. die angeregte Diskussion zwischen Medienabteilung und Fans im Forum der Homepage von Eintracht Frankfurt.

109 Der Pionier des Stakeholder-Ansatzes, Freeman (1984) unterscheidet in „Defitional Stakeholders“, die entscheidend, für das Wachstum und Überleben der Firma sind, und „Instrumental Stakeholders“, die die Beziehung zu den primären Stakeholdern stören können. Die horizontale Achse symbolisiert hier erstere Gruppe, die vertikale Achse letztere.

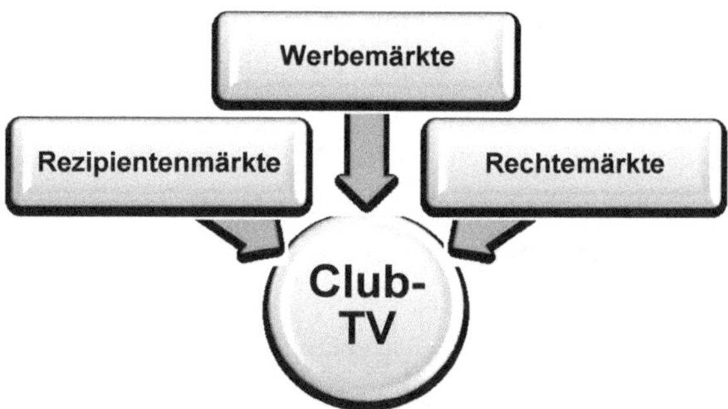

Abbildung 7: Erlössystematik für Club-TV (Quelle: Eigene Darstellung auf Basis von Wirtz, 2005, S. 71)

5.3.1 Direkte Erlösquellen

Als direkte Erlöse sollen hier alle Gelder verstanden werden, die aufgrund der Wertschöpfung des Club-TV-Angebotes auf verschiedenen Märkten direkt an den Verein bzw. die entsprechende Abteilung zurückfließen. Diese Erlöse sind klar abgrenzbar und bemessbar.

5.3.1.1 Rezipientenmarkt

Direkte Erlöse über den Rezipientenmarkt lassen sich vorrangig über die Mediennutzung generieren. Bei diesen als Pay-TV bezeichneten Angebotsformen werden Programme und Inhalte den Nutzern gegen Zahlung eines Entgelts bereitgestellt.[110] Dabei wird zwischen transaktionsabhängigen und transaktionsunabhängigen Entgelten unterschieden. Bei den transaktionsabhängigen Entgelten zahlt der Rezipient für die Nutzung eines Medienprodukts. Dies wird im audiovisuellen Medienbereich als Pay-per-View bezeichnet. Transaktions-unabhängige Entgelte sind überwiegend regelmäßig zu entrichten und sind nicht beeinflusst von der tatsächlichen Nutzung. Sie äußern sich meistens in Form von Abonnements.[111]

Bei einem Club-TV Angebot bietet sich somit sowohl die Möglichkeit, einzelne Beiträge direkt dem Kunden anzubieten (Pay-per-View) oder auch dem Kunden über ein Abonnement die gesamte Angebotspalette zur Verfügung zu stellen.

Die entscheidende Voraussetzung für Erfolge am Rezipientenmarkt ist die Frage, ob mit dem Angebot die Zahlungsbereitschaft der potentiellen Kunden geweckt werden

[110] Vgl. Woldt (2002), S. 534.

[111] Vgl. Wirtz (2005), S. 70f, S. 358; Gratton/Solberg, (2007) S. 71f.

kann. Dies kann nur über einen ersichtlichen Mehrwert erfolgen, der Faktoren wie Exklusivität, Qualität und Nutzerfreundlichkeit umfasst[112]. Außerdem ist der Identifikationsgrad der Zielgruppe besonders entscheidend. Nur wenn ein starkes Interesse an den angebotenen Inhalten besteht, ist der Kunde auch bereit, dafür zu zahlen.[113] Dadurch können auch Nischenprodukte für eine kleine Zielgruppe mit hoher Zahlungsbereitschaft durchaus erfolgsversprechend sein.

Zwar gibt es derzeit schon zahlreiche kostenpflichtige audiovisuelle Sportangebote im Internet (z.B. Sportdigital.tv), die Akzeptanz der Kunden ist aber noch eher zurückhaltend.[114]

Bezüglich der Wertschöpfungskonfiguration kann ein Pay-TV-Modell der Systematik der Wertkette zugeordnet werden[115]

5.3.1.2Werbemarkt

Die Erlöse auf dem Werbemarkt kommen hauptsächlich über Werberaumleistungen zustande. Dabei zahlen Unternehmen, damit sie auf der entsprechenden Plattform die dortigen Nutzer bewerben können.

Abbildung 8 stellt diese Dreiecksbeziehung graphisch dar. Ein Club-TV Angebot bietet den Rezipienten Unterhaltung und Information, welche im Gegenzug Aufmerksamkeit zur Verfügung stellen. Gegen finanzielles Entgelt erhält der Werbekunde vom Club-TV Kundenkontakte. Diese bewirbt er mit Produkten und Dienstleistungen und bekommt im Gegenzug Geld von den Rezipienten, die die Angebote nachfragen. Aufgrund dieser Systematik sollte ein werbefinanziertes Erlösmodell eher in die Wertschöpfungskonfiguration des Wertnetzes eingeordnet werden.[116]

---

[112] Vgl. Breunig (2005), S. 408; Spreen & Hartmann (2007), S. 2ff; Woldt (2002), S. 535.
[113] Vgl. Gratton & Solberg (2007), S. 72f.
[114] Vgl. Klotz & Weilguny (2007); Weilguny (2007).
[115] Vgl. Woratschek (2004), S. 24.
[116] Vgl. Woratschek (2004), S. 24.

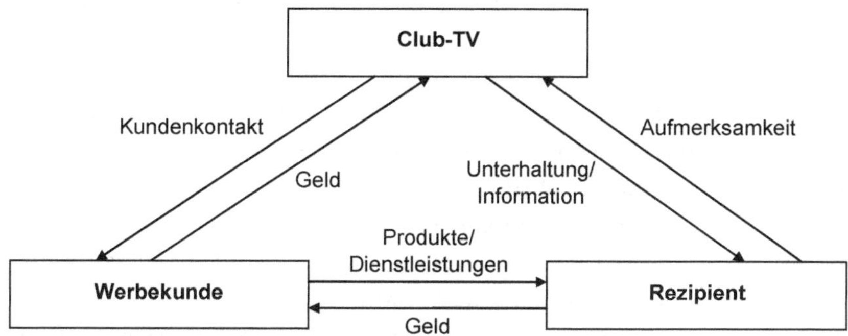

Abbildung 8: Dreiecksbeziehung eines werbefinanzierten Club-TV (Quelle: Eigene Darstellung auf Basis von Zerdick et al. 2001)

Als Voraussetzung für ein werbefinanziertes Erlösmodell wird eine entsprechende Menge an Rezipienten benötigt, die möglichst mit der gewünschten Zielgruppe des Werbekunden übereinstimmt, um Streuverluste zu vermeiden.[117] Sportinhalte im Internet bieten eine für den Großteil der Werbewirtschaft hochinteressante Zielgruppe, die sich vorrangig aus jungen, männlichen und einkommensstärkeren Personen zusammensetzt.[118]

Für Werbetreibende bietet das Internet einige Vorteile: Das so genannte Targeting, also die zielgenaue Bewerbung spezieller Kundensegmente, spielt hierbei eine wichtige Rolle.[119] Zudem können durch die Möglichkeit der Interaktivität (z.B. über Hyperlinks) potentielle Kunden sofort auf die eigene Seite gelockt werden, um dort weitere Informationen zu erhalten oder vielleicht sogar Käufe zu tätigen.[120] Auch die Evaluation der Erfolgswirksamkeit der eigenen Marketingaktivitäten lässt sich über das Internet leichter und genauer durchführen.[121]

Der Online-Werbemarkt ist derzeit in einer starken Wachstumsphase und wird in Zukunft wohl eine immer wichtigere Rolle in der Kommunikationspolitik der Unternehmen spielen.[122] Werbebotschaften im Umfeld von Videos gelten dabei als besonders interessant.[123] Kostenfreie audiovisuelle Sportinhalte werden von den Rezipien-

---

117 Vgl. Gratton & Solberg (2007), S. 69.
118 Vgl. Yu (2007), S. 221, Theyson (2006), S. 25.
119 Vgl. Medientage München (2007).
120 Vgl. Yu (2007), S. 214.
121 Vgl. Yu (2007), S. 215.
122 Vgl. BITKOM (2008), S. 1f; EIAA (2006), S. 27ff; IAB (2007), S. 7.
123 Vgl. Medientage München (2007).

ten sehr gut angenommen[124], woraus sich ein enormes Potential für werbefinanzierte Club-TV-Angebote ergibt.
Als Einschränkung muss hier jedoch erwähnt werden, dass viele Vereine Exklusivverträge mit Sponsoren abgeschlossen haben, was die Vermarktung von Werberaum über die bestehenden Sponsoren hinaus oftmals erheblich erschweren kann.
Neben der Vermarktung von Werberaum bietet sich durch Data-Mining eine weitere Erlösquelle. Dabei werden Nutzerprofile, die detaillierte Daten über Eigenschaften und Nutzungsgewohnheiten von Konsumenten erhalten, an dritte Unternehmen verkauft.[125] Bei einer Registrierung der Rezipienten für ein Club-TV Angebot wäre dieses Erlöspotential im Rahmen der rechtlichen Möglichkeiten relativ leicht auszuschöpfen.

5.3.1.3 Rechtemarkt

Wie bereits in Abschnitt 5.2 erwähnt, sollten Medienunternehmen nicht nur als Konkurrenz, sondern auch als Kunden betrachtet werden. Über den Verkauf von Verwertungsrechten und Lizenzen können hier zusätzliche Erlöse generiert werden. Verwertungsrechte sind „originäre Rechte [...], die dem Besitzer jede beliebige Verwertung der Inhalte erlauben“[126]. Als Lizenzen werden „abgeleitete Rechte [bezeichnet], die nur in dem Umfang genutzt werden dürfen, den der Besitzer der originären Rechte zulässt“.[127] Für Club-TV interessant ist hier sowohl der Verkauf von selbst produziertem Content (z.B. Interviews, Reportagen) als auch die Übertragung der dem Club zustehenden Verwertungsrechte für die eigenen Spiele an einen externen Anbieter.

5.3.2 Indirekte Erlösquellen

Nachdem in der Wertschöpfung von Vereinen das Club-TV ein Geschäftsbereich unter vielen anderen ist, werden im Folgenden mögliche Auswirkungen auf andere Geschäftsbereiche vorgestellt. Die daraus entstehenden Erlöswirkungen werden in dieser Studie als indirekte Erlöse bezeichnet. Allerdings sind diese Erlöse oft nicht klar zurechenbar oder bemessbar, was die Beurteilung ihrer Relevanz erschwert.

---

[124] Vgl. Klotz/Weilguny (2007).
[125] Vgl. Wirtz (2005), S. 588.
[126] Wirtz (2005), S. 72.
[127] Wirtz (2005), S. 72.

5.3.2.1 Rezipientenmarkt

Auf dem Rezipientenmarkt sind zahlreiche Auswirkungen des Club-TV auf andere Geschäftsbereiche denkbar. So bezeichnen Klotz & Weilguny Club-TV-Angebote im Internet vorrangig als „Marketing- und Kommunikationstool“[128]. Zunächst bietet sich die Möglichkeit, innerhalb des Club-TV andere Produkte des Vereins ohne Zusatzkosten zu bewerben. Dies kann sich von Werbeaktionen für Stadionbesuch, Mitgliedschaft oder Merchandisingprodukte bis hin zum Angebot von Downloads oder Klingeltönen innerhalb der Homepage erstrecken. Für solche Cross-Selling-Angebote bietet das bereits in Kapitel 5.3.1.2 erwähnte Interaktivitätspotential im Internet einen großen Vorteil.

Durch verstärkte Bereitstellung vereinsspezifischer Inhalte können sowohl bestehende Kundenbeziehungen gepflegt werden als auch möglicherweise neue Kundensegmente angesprochen werden.[129] Gerade die durch das Internet gegebene weltweite Verfügbarkeit bietet für letzteres Potential. Dadurch ist eine Erhöhung der Nachfrage nach anderen vereinsspezifischen Produkten durchaus denkbar.

Die Produktion eigener Inhalte lässt Vereinen auch die Chance, Informationen vereinsloyal darzustellen, was sich positiv auf das Image und damit wiederum auf zahlreiche Einnahmequellen auswirken kann.[130]

5.3.2.2 Werbemarkt

Auch für den Werbemarkt bietet Club-TV Erlöspotentiale, die aber nur schwer diesem Geschäftsbereich direkt zugeordnet werden können. So haben bestehende Sponsoren über eine Club-TV-Plattform vielfältige Möglichkeiten, ihre Werbebotschaften an die Rezipienten zu verteilen. Dies kann in Form klassischer Online-Werbung erfolgen, aber auch über den Inhalt der einzelnen Videobeiträge. Vor allem bei letzterem lässt sich durch kreative Einbindung ein großer Zusatznutzen für Sponsoren generieren, der jedoch nur schwerlich isoliert monetarisiert werden kann. Somit kann Club-TV durchaus positive Erlöswirkungen auf den Geschäftsbereich Sponsoring[131] haben.

---

[128] Klotz/Weilguny (2007).

[129] Abgeleitet aus den Ausführungen zum Konsumkapital von Sportarten, vgl. Woratschek/ Schafmeister (2004), S. 73ff: Durch erhöhtes Wissen über eine Sportart (oder hier einen Verein) steigt der Nutzen für den Kunden und dadurch das Interesse. Eine empirische Überprüfung steht nach Ansicht des Autors aber noch aus.

[130] Vgl. Boyle/Haynes, S. 97.

[131] Dies gilt sowohl für die Pflege bestehender Sponsoren als auch für die Sponsorenakquise.

5.3.2.3 Rechtemarkt

Der Verkauf von Verwertungsrechten und Lizenzen wurde bereits in Kapitel 5.3.1.3 erwähnt. Von einer guten Zusammenarbeit mit wichtigen (meinungsbildenden) Medienunternehmen kann aber gerade in Krisenzeiten das Image eines Vereins enorm profitieren. Durch die kostenfreie Bereitstellung von Informationen (oder sogar Content) kann ein gutes Verhältnis zu den Medien geschaffen werden, was sich wiederum auf das Image des Vereins positiv auswirken kann.

5.4 Die Kosten für Club-TV

Medienprodukte im Internet- und TV-Bereich sind allgemein geprägt von hohen First-Copy-Costs.[132] Darunter versteht man alle Kosten, die im Rahmen der Erstellung des ersten Exemplars eines Medienprodukts (Urkopie) anfallen. Dies umfasst also vorrangig die Content-Produktion, darunter fallen aber auch Marketing- und Vertriebskosten sowie Kosten für Verwaltung, Werbeakquise und Lizenzkosten.[133] Aufgrund des hohen Anteils der First-Copy-Costs können sich bei steigender Anzahl an Rezipienten erhebliche Kostendegressionseffekte einstellen.[134]
Zur Einordnung der Kosten für Club-TV bietet sich eine nähere Betrachtung des Wertschöpfungsprozesses an.[135]

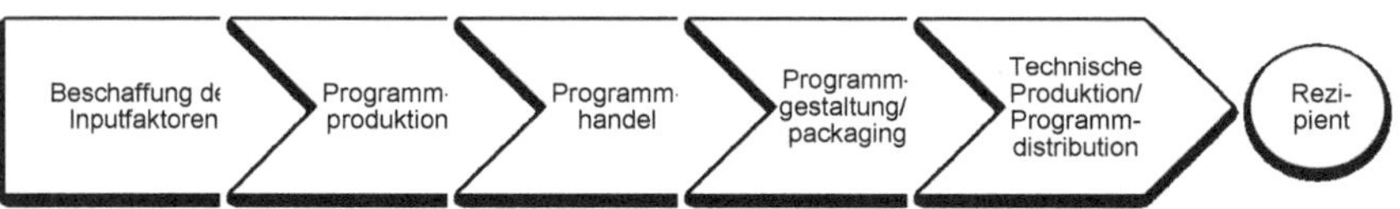

Abbildung 9: Wertkette für Club-TV (Quelle: In Anlehnung an Wirtz, 2005, S. 356)

---

132 TV 78 %, Internet 70 %, vlg. Wirtz (2005), S. 75.

133 Vgl. Wirtz (2005), S. 74f.

134 Vgl. Gratton/Solberg (2007), S. 86ff., Wirtz (2005), S. 75, Theyson (2006), S. 18.

135 Der Übersichtlichkeit halber ist der Wertschöpfungsprozess hier nur am Rezipienten ausgerichtet und als Wertkette dargestellt. Netzwerkeffekte werden an dieser Stelle ebenso ausgeblendet wie die unterstützenden Aktivitäten.

Um überhaupt produzieren zu können, müssen zunächst die nötigen Inputfaktoren beschafft werden. Wichtig hierbei sind vor allem das entsprechende Personal sowie die Anschaffung einer adäquaten Informations- und Kommunikationstechnik.[136] Die eigentliche Produktion hängt stark von der Art der Inhalte ab. Während beispielsweise für ein Interview kaum Kosten anfallen, verlangt eine Aufnahme eines Spiels erheblich mehr Personal und Technik. Gerade für Spielberichte wird auch oftmals auf externe Anbieter zurückgegriffen[137], allerdings fallen hierbei selbstverständlich auch Kosten an. Unter Programmgestaltung und -packaging versteht man die Planung und Zusammenstellung der Inhalte bzw. des Sendeablaufs sowie gegebenenfalls die Platzierung von Werbespots. Die technische Produktion umfasst die Programmierung der Website, bei der Distribution werden die Inhalte über das Internet vertrieben. Sowohl technische Produktion als auch die Distribution geschieht oftmals nicht durch den Verein selbst, sondern wird von Partnern übernommen. Bei einem durchschnittlichen Angebot müssen die Vereine laut der Fachzeitschrift Sponsors mit rund 100.000 € jährlich inklusive Personal- und Content-Ausgaben rechnen.[138]

---

[136] Vgl. Wirtz (2005), S. 609.

[137] Die Highlight-Berichte der Fußball-Bundesliga werden beispielsweise überwiegend von Plazamedia produziert.

[138] Vgl. Sponsors (2007b).

6 Internetbasiertes Club-TV im europäischen Fußballmarkt

Ziel dieses Kapitels ist es, einen Überblick über die Geschäftspraktiken der europäischen Fußballvereine in Bezug auf Club-TV-Aktivitäten zu bekommen. Mittels einer Internetrecherche wurden die einzelnen Vereine nach bestimmten Kriterien überprüft. Nach einer kurzen Beschreibung der Vorgehensweise werden die Ergebnisse vorgestellt und anschließend interpretiert.

6.1 Untersuchungsdesign

Um einen möglichst aktuellen Überblick in einem sehr dynamischen Markt zu bekommen, bietet es sich an, die Informationen direkt bei den jeweiligen Vereinen einzuholen. Durch die Überprüfung der einzelnen Vereins-Homepages kann eine große Anzahl an Clubs mit einem vergleichsweise überschaubaren Arbeitsaufwand evaluiert werden. Die Aktualität ist dadurch gesichert, dass die Vereine selbst den Anspruch haben müssen, ihren Fans täglich neue Informationen zu liefern.

Für die Recherche wurden die Top-Five-Ligen Europas ausgewählt[139]. Diese stellen die europäischen Kernfußballmärkte dar[140] und umfassen die englische Premier League, die spanische Primera División, die italienische Serie A, die deutsche 1. Bundesliga sowie die französische Ligue 1. Um das Potential von Club-TV-Angeboten für Vereine zu überprüfen, die nicht zu den großen europäischen Ligen gehören, wurde noch die deutsche 2. Bundesliga hinzugezogen.

Überprüft wurden die einzelnen offiziellen Websites der Clubs nach den in Tabelle 7 dargestellten Kriterien.

---

[139] Der Begriff Top-Five-Ligen wird allgemein für die höchsten Spielklassen in England, Spanien, Italien, Deutschland und Frankreich verwendet. Die Einordnung passt, da diese Ligen sowohl nach sportlichen als auch nach wirtschaftlichen Kriterien europa- bzw. weltweit führend sind; vgl. dazu UEFA-Fünfjahreswertung, www.5-jahres-wertung.de; Marktwerte der Spieler der einzelnen Ligen: www.transfermarkt.de; Umsätze der Vereine in den einzelnen Ligen: Deloitte (2008).

[140] Vgl. Ernst & Young (2007), S. 33.

Kriterium	Antwort
Videoangebot auf der Homepage?	ja/nein
Kostenfreie Videoangebote?	ja/nein
Registrierung dafür notwendig?	ja/nein
Inhalt der kostenfreien Angebote	Kurzbeschreibung der Videobeiträge
Bezahl-Angebote?	ja/nein
Nutzungsmodalitäten?	Abonnement (mit Laufzeit), Pay-per-View, Sonderkonditionen, etc.
Jahrespreis?	Preis für eine Jahresnutzung in €
Partner (zur Realisierung des Angebots)?	Nennung Partner
Inhalt der kostenpflichtigen Angebote?	Kurzbeschreibung der Videobeiträge
TV-Sender?	ja/nein
Sonstiges?	z.B. User generated videos, etc.

Tabelle 7: Evaluationskriterien für die Homepages europäischer Fußballclubs

Zunächst wurde analysiert, ob der jeweilige Verein überhaupt Bewegtbildangebote auf seiner Website oder auf einem verlinkten Portal anbietet. Dabei wurde unterschieden in kostenfreie und kostenpflichtige Angebote. Während kostenpflichtige Inhalte stets eine Registrierung der User erfordern, ist bei kostenfreien Videos eine Nutzung mit und ohne Registrierung denkbar. Anschließend folgten eine Beschreibung der jeweiligen Inhalte und die Überprüfung der Präsenz eventueller Partner für die Realisierung des Angebots.[141] Bei einem kostenpflichtigen Videoportal wurden zusätzlich die Nutzungsmodalitäten sowie der Preis für eine jährliche Nutzung mit in die Analyse aufgenommen. Abschließend wurden weitere interessante Zusatzinformationen festgehalten sowie das Vorhandensein eines eigenen TV-Senders überprüft.[142]

---

[141] Werbepartner waren bei zugangsbeschränkten Angeboten oft nur schwer zu ermitteln; sofern dies möglich war, wurden sie im Punkt „Sonstiges" mit aufgenommen.

[142] Die Präsenz der einzelnen Vereine im Rahmen von Fernsehmagazinsendungen o.ä. wäre zwar durchaus interessant, ist im Rahmen dieses Untersuchungsdesigns jedoch nicht vollständig zu klären und wurde deshalb nicht evaluiert.

6.2 Ergebnisse: Club-TV-Angebote in den europäischen Fußball-Ligen

Im Folgenden werden die Ergebnisse der einzelnen Ligen isoliert dargestellt. Ein Vergleich der jeweiligen Erkenntnisse folgt dann in Kapitel 6.3.

6.2.1 Deutschland: 1. Bundesliga

In der 1. Bundesliga bieten von 18 Vereinen insgesamt 15 Clubs Videobeiträge auf ihrer Homepage oder einem eigenen Portal an. 10 Vereine haben dabei kostenfreie Angebote, die sehr unterschiedlich ausgestaltet sind. Neben Pressekonferenzen und Interviews lassen sich auch Videobeiträge über bzw. mit Sponsoren finden oder Berichte über die Breitensport-Abteilungen. Reportagen werden oft in Zusammenarbeit mit einem Regionalsender produziert und neben der Magazinsendung im Fernsehen auch auf der Club-Homepage präsentiert. Bei keinem kostenfreien Angebot ist eine Registrierung notwendig. Diese fällt lediglich bei der aktiven Nutzung von Community-Angeboten, wie z.B. Chat oder Forum an.
Ein kostenpflichtiger Videobereich existiert bei 12 Bundesligavereinen[143]. Oftmals werden parallel dazu ausgewählte kostenfreie Beiträge als Werbemaßnahme für den Pay-Bereich angeboten. Zentrale Inhalte sind bei allen Angeboten die Spiele des jeweiligen Vereins in voller Länge oder als Zusammenfassung. Diese werden ergänzt durch Interviews, Pressekonferenzen und exklusive Zusatzinformationen. Meistens bestehen letztere aus „Behind-the-scenes"-Berichten, die in anderen Medien nicht oder kaum angeboten werden. Fast alle Inhalte werden on Demand angeboten, ein kontinuierlicher Programmablauf ist selten.

[143] Mindestens zwei weitere kostenpflichtige Club-TV-Angebote sind nach Informationen des Autors in Planung.

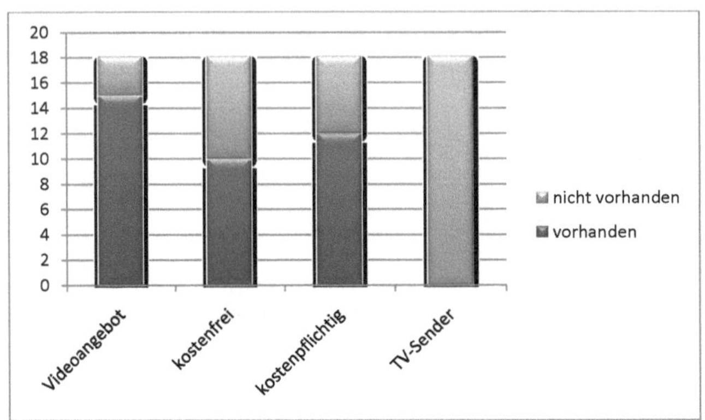

Abbildung 10: Bewegtbildangebote in der 1. Bundesliga (Quelle: Eigene Darstellung)

Daneben offerieren einige Clubs noch zusätzliche Features wie Live-Audio-Reportagen, Archivvideos, Stadion-TV-Beiträge sowie Live-Ticker innerhalb des Bezahlbereichs. Spiele von Nachwuchsmannschaften sowie Bilder von Testspielen sind ebenfalls bei manchen Vereinen in das Angebot integriert.

Ein Einzelabruf von Inhalten ist nur bei den in Zusammenarbeit mit dem Videoportal Maxdome realisierten Angeboten von Werder Bremen und Schalke 04 möglich. Alle anderen Vereine bieten Abonnement-Modelle an, bei denen die Laufzeiten zwischen einem Monat und einem Jahr variieren. Einige Clubs haben ihr Club-TV mit anderen Angeboten vernetzt. So sind beispielsweise beim BVB-Club (Borussia Dortmund) oder beim Bayer-Club (Bayer 04 Leverkusen) Bewegtbilder nur ein Teil von zahlreichen weiteren Nutzungsoptionen[144]. Hertha BSC Berlin bietet seinen Mitgliedern Sonderkonditionen für das Club-TV und beim VfB Stuttgart und beim FC Bayern München ist lediglich eine einzige Registrierung für die Nutzung weiterer Community- oder Commerce-Aktivitäten notwendig.

Preislich bestehen große Differenzen zwischen den Angeboten. Bei einem durchschnittlichen Jahrespreis von 37,38 € variiert dieser zwischen 17,99 € und 47,88 €. Ein direkter Zusammenhang zwischen der Qualität des Angebots und dem Preis konnte nicht festgestellt werden.

Sechs Vereine bzw. 50 % kooperieren für ihren Pay-Bereich mit der Firma BTD New Media, einem Internet-Fullservice-Dienstleister. Wie bereits erwähnt, realisieren Schalke 04 und Werder Bremen ihr Club-TV in Kooperation mit der Online-

[144] Z.B. eigene E-Mail-Adresse, Downloads, Community-Angebote, etc.

Videothek Maxdome, während bei einigen anderen Vereinen die Unterstützung der Vermarktungsagentur Sportfive genutzt wird. Neben dem Zugriff über die vereinseigene Homepage oder der beteiligten Partnerunternehmen (Maxdome) nutzen Clubs wie Bayern München, Hamburger SV, VfB Stuttgart oder Energie Cottbus zudem die Möglichkeiten großer Videoportale, um ihr Club-TV zu promoten.[145] Als Sponsor ist bei insgesamt sieben Bezahlangeboten die Deutsche Telekom aktiv.
Kein Bundesligaclub verfügt aktuell über einen eigenen TV-Sender.

6.2.2 Deutschland: 2. Bundesliga

In der 2. Bundesliga verfügen aktuell insgesamt 12 Vereine (von 18) über Videoinhalte. Lediglich fünf Clubs bieten dabei kostenfreie Bewegtbilder an. Inhaltlich sind diese mit Interviews und Pressekonferenzen sowie Reportagen (z.B. 1.FC Köln in Zusammenarbeit mit dem Regionalsender NetCologne, SV Wehen mit Sponsor cojooxi) ähnlich ausgestaltet wie in der 1. Bundesliga. Auch bei den Zweitligisten ist keine Registrierung für die Nutzung notwendig.
Neun Vereine bieten einen kostenpflichtigen Video-Bereich an. Alle Clubs kooperieren dabei mit BTD New Media und der Deutschen Telekom.[146]
Pay-per-View-Angebote sind nirgends vorhanden, lediglich Abonnement-Modelle zwischen einem Monat und einem Jahr werden angeboten. Auch inhaltlich unterscheiden sich die Angebote kaum von denen der Erstligisten. Alle Vereine bieten hier Videos ihrer Spiele sowie Interviews, Pressekonferenzen und Reportagen rund um den Verein. Bei Borussia Mönchengladbach steht das Videoangebot nur den Mitgliedern zur Verfügung.
Preislich bewegen sich überraschenderweise die Angebote auf einem höheren Niveau als in der 1. Bundesliga. So liegt der durchschnittliche Jahrespreis hier bei 41,59 € bei geringen Differenzen zwischen den einzelnen Clubs.
Auch in der 2. Bundesliga hat kein Verein einen eigenen TV-Sender.

---

[145] Wie bereits in Kapitel 4.2.2.1 erwähnt, kann durch eine Kooperation mit Videoportalen auch einem Missbrauch der Bewegtbilder in Form von illegalen Angeboten leichter vorgebeugt werden.

[146] Nur beim TSV 1860 München tritt die Telekom nicht als Sponsor auf. Ein Grund wäre möglicherweise die Konkurrenz zum Lokalrivalen FC Bayern München, bei dem die Telekom Hauptsponsor ist.

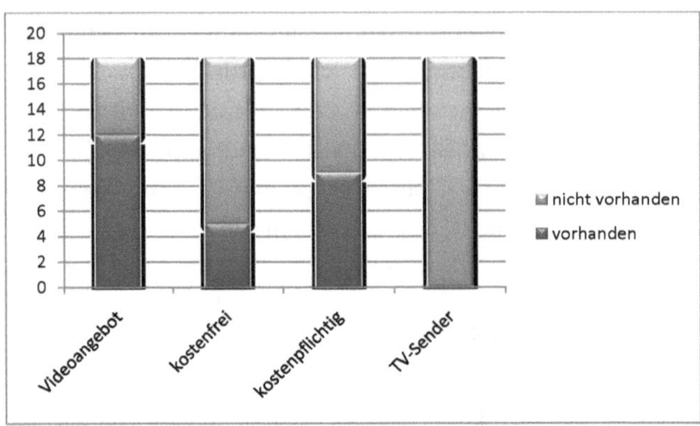

Abbildung 11: Bewegtbildangebote in der 2. Bundesliga (Quelle: Eigene Darstellung)

6.2.3 England: Premier League

Die Premier League-Clubs zeigen ausnahmslos alle Videocontent auf ihrer eigenen Homepage. 18 Vereine bieten auch kostenfreie Beiträge, jedoch fungieren diese stets als Werbemaßnahme für den Pay-Bereich. West Ham United nutzt diese Inhalte noch zusätzlich zur Integration eines vorgeschalteten Werbespots. Eine Registrierung für diese Angebote ist nur bei Manchester United notwendig.

Sämtliche Erstligavereine haben einen kostenpflichtigen Bereich, der meist in Form eines Monats- oder Jahresabonnements verfügbar ist. Pay-per-View-Angebote sind nicht vorhanden.

Inhaltlich ist das Club-TV meist etwas variabler ausgestaltet als in der Bundesliga. So bieten neben den Standard-Inhalten wie Spielberichte, Interviews, Pressekonferenzen und Reportagen viele Vereine zusätzlich Berichte über die Spiele der zweiten Mannschaft oder über Jugendspiele. Außerdem besteht die Möglichkeit zur Nutzung von Live-Audio-Kommentaren der Spiele. Während der Live-Ticker in Deutschland meistens kostenfrei zu nutzen ist, findet sich dieser in England ebenfalls oft im zugangsbeschränkten Bereich. Ein umfangreiches Videoarchiv rundet das Angebot ab. Arsenal London und FC Chelsea bieten zudem den Nutzern die Möglichkeit, selbst produzierte Videobeiträge hochzuladen. Der FC Everton hat eine eigene Rubrik „Fan-Channel“, in dem Berichte über Fan-Aktivitäten die zentrale Rolle spielen.

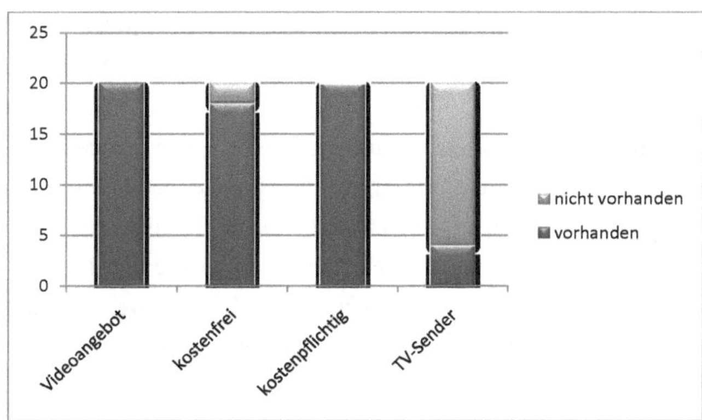

Abbildung 12: Bewegtbildangebot in der Premier League (Quelle: Eigene Darstellung)

Für die Nutzung des Club-TV müssen die Rezipienten etwas mehr bezahlen als in Deutschland. Der durchschnittliche Jahrespreis liegt bei 52,59 €[147] mit Angeboten zwischen 50,39 € und 62,99 €[148]. Auffällig ist, dass 13 Vereine ihr Club-TV in Kooperation mit dem Internetdienstleister Perform anbieten.

Arsenal London, FC Chelsea, Manchester United und FC Liverpool verfügen über eigene Club-Sender. In Großbritannien werden diese über die Bezahlplattformen Sky (Arsenal London, FC Liverpool) und Setanta (FC Chelsea, Manchester United) vertrieben. Zusätzlich verfügen alle Clubs auch über entsprechende Vertriebspartner im Ausland.

6.2.4 Frankreich: Ligue 1

Alle 20 Vereine der Ligue 1 bieten Videoinhalte auf ihrer Homepage. 17 davon zeigen kostenfreie Inhalte. Elf Vereine verlangen dabei für die Nutzung des kostenfreien Angebots eine Registrierung. Dafür werden auch oftmals Spielberichte kostenfrei zur Verfügung gestellt. Diese dürfen aber aufgrund einer Regelung der Liga eine Länge von drei Minuten nicht überschreiten, ansonsten müssen sie gegen Entgelt angeboten werden[149]. Zusätzlich umfassen die Angebote auch hier meist Interviews, Pressekonferenzen sowie Hintergrundberichte. Bei Vorhandensein eines Pay-Bereichs werden die kostenfreien Inhalte für Werbezwecke verwendet.

---

147 £41,74, Umrechnungskurs 1,26.

148 £39,99 - £49,99, Umrechnungskurs 1,26.

149 Vgl. Règlement Intérieur Audiovisuel de la Ligue de Football Professionnel 2007/08, S.12.

Acht Vereine bieten kostenpflichtige Inhalte an. Inhaltlich ist dies durchaus vergleichbar mit dem kostenfreien Angebot mancher französischer Vereine. Auch hier stehen Spielberichte, Interviews, Pressekonferenzen und Hintergrundberichte im Zentrum. Manchmal erlaubt ein Archiv Zugriff auf vergangene Spiele. Live-Audio-Kommentare sind eher selten. Die Nutzung erfolgt nur über Abonnements mit einer Laufzeit zwischen einer Woche und einem Jahr. Die Preisspanne ist hier sehr groß: Bei einem Durchschnittspreis von 41,61 € erstrecken sich die Angebote von 15 € bist zu 60 € pro Jahr. Als Partner sind Sportfive (vier Vereine) und TF1 (zwei Vereine) bei der Realisierung beteiligt, als Werbeträger ist ein Engagement von Orange bei mehreren Vereinen ersichtlich.

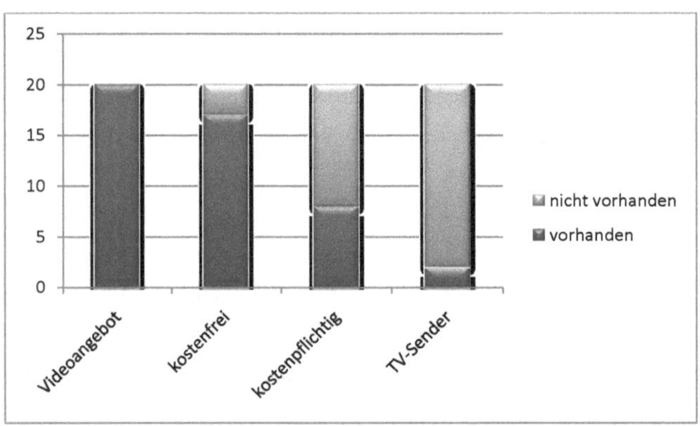

Abbildung 13: Bewegtbildangebot in der Ligue 1 (Quelle: Eigene Darstellung)

Mit Olympique Marseille und Olympique Lyon besitzen zwei französische Vereine einen eigenen Club-Sender. Die Distribution erfolgt dabei über verschiedene Plattformen im In- und Ausland.

6.2.5 Italien: Serie A

In der Serie A bieten lediglich elf Clubs von zwanzig Videocontent auf ihrer Homepage an. Alle elf haben dabei kostenfreie Inhalte, bei drei Clubs ist jedoch eine Registrierung erforderlich. Der Großteil der betreffenden Vereine offeriert neben Interviews, Pressekonferenzen und Hintergrundberichten auch die Highlights ihrer Spiele. Bei Lazio Rom werden zudem Ausschnitte des Trainings gezeigt.

Lediglich zwei Vereine verfügen zusätzlich über einen kostenpflichtigen Bereich. Dabei nutzen sowohl Juventus Turin als auch der AC Mailand Synergieeffekte mit ihrem Club-Sender. Die Angebote sind somit in TV und Internet relativ ähnlich und umfassen neben Spielberichten, Interviews, Pressekonferenzen und Reportagen auch Trainingsberichte, Nachwuchs- und Freundschaftsspiele sowie umfangreiches Archivmaterial. Beim AC Mailand sind zudem für einen Zusatzbetrag von jährlich 10 € auch Übertragungen von Live-Events für Kunden außerhalb Italiens mit im Angebot enthalten. Die Nutzung erfolgt nur über ein Jahresabonnement, beim AC Mailand ist zudem ein Vierteljahres-Abonnement möglich.

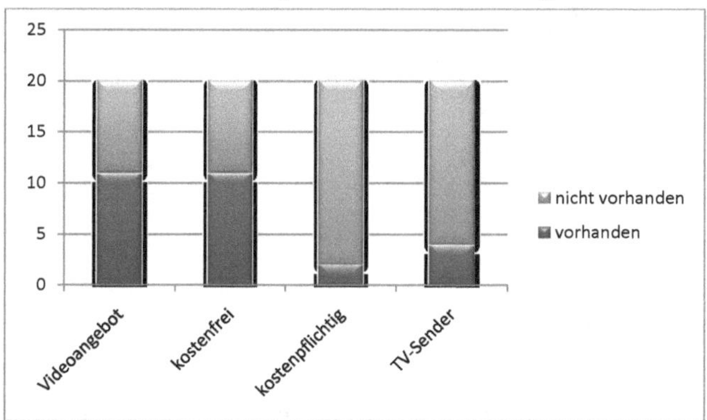

Abbildung 14: Bewegtbildangebote in der Serie A (Quelle: Eigene Darstellung)

Der Mittelwert des Jahrespreises liegt bei 35,50 €, wobei sich beide Angebote preislich kaum unterscheiden.[150]

Neben den bereits erwähnten Juventus Turin und AC Mailand verfügen auch noch AS Rom und Inter Mailand über einen Club-Sender. Alle Angebote werden innerhalb Italiens über Sky Sports vertrieben und sind für 8 € monatlich erhältlich. Zudem existieren noch zahlreiche Kooperationen mit ausländischen Anbietern.

6.2.6 Spanien: Primera División

Unter den spanischen Erstligaclubs bieten ebenfalls nur elf Vereine von zwanzig Videobeiträge an. Während sich darunter elf kostenfreie Angebote finden, ist mit dem FC Barcelona lediglich ein Verein mit einem Pay-Bereich vertreten.

Die kostenfreien Angebote sind inhaltlich sehr unterschiedlich. Manche Clubs zeigen nur Pressekonferenzen und Interviews, andere beschränken sich auf die Highlights der Spiele oder Reportagen regionaler Fernsehsender. Ein sehr umfangreiches Angebot bietet Deportivo la Coruña, das völlig kostenfrei unter anderem Highlights, Inter-

[150] 34,99 € bei AC Mailand vs. 36,00 € bei Juventus Turin.

views, Hintergrundberichte sowie alle Spiele der 2. Mannschaft live zeigt. Ermöglicht wird dies durch eine Kooperation mit dem Internet-TV-Unternehmen Lamdastream. Zudem werden die Kosten über Werbeeinnahmen refinanziert.

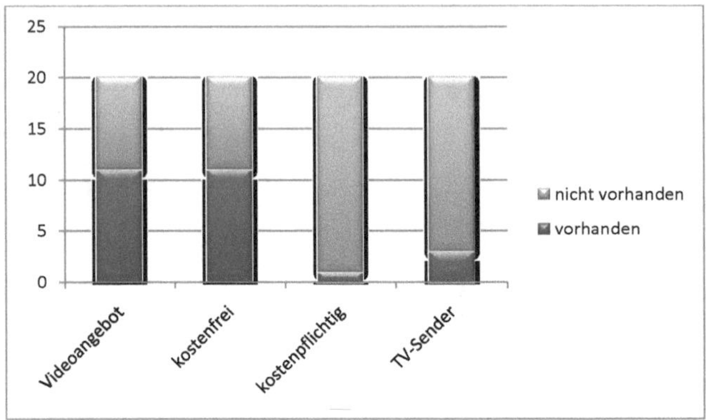

Abbildung 15: Bewegtbildangebote in der Primera División (Quelle: Eigene Darstellung)

Der FC Barcelona nutzt wie auch Juventus Turin und AC Mailand für sein Pay-Angebot Synergien mit dem Club-Sender Barca-TV. Lediglich in der Konzeption des Konsums liegt ein Unterschied vor: Während der Club-Sender als Push-Medium dem Rezipienten den Inhalt vorsetzt, kann dieser im Internet je nach Gusto seine Inhalte on Demand auswählen.

Inhaltlich ist beim Angebot des FC Barcelona sehr viel geboten, da neben Fußballinhalten (Spiele, Highlights, Interviews, Pressekonferenzen, Reportagen, Nachwuchsspiele) auch andere Sportarten wie Basketball und Handball gezeigt werden können. Sowohl die Basketball- als auch die Handballmannschaft des FC Barcelona bewegen sich auf europäischem Spitzenniveau.

Das Angebot ist als 3-Monats- oder 12-Monats-Abonnement zu buchen, Pay-per-View ist nicht möglich. Der Jahrespreis liegt bei 49,95 €.

Neben dem FC Barcelona haben auch Real Madrid und FC Sevilla eigene Club-Sender.

6.3 Zusammenfassung der Ergebnisse

Eine vollständige Analyse der erhobenen Daten würde den Rahmen dieser Studie sprengen, deshalb werden hier lediglich einige interessante Aspekte kurz vorgestellt.

Die Ergebnisse der einzelnen Ligen zeigen, dass das Angebot von audiovisuellen Beiträgen im Internet durchaus stark variiert.

In %[151]	1. Bundes-liga	2. Bundes-liga	Premier League	Ligue 1	Serie A	Primera Divisiòn
Videos	83	67	100	100	55	55
Free-Videos	56	28	90	85	55	55
Registrierung erf.	0	0	5	55	15	0
Pay-Bereich	67	50	100	40	10	5
TV-Sender	0	0	20	10	20	15

Tabelle 8: Audiovisuelle Angebote der Vereine in den einzelnen Ligen (Angaben in Prozent)

Während in England und Frankreich jeder Club Videocontent bereitstellt, ist das in Spanien und Italien nur knapp über die Hälfte. Die Ligue 1 bietet am meisten kostenfreie Inhalte, dafür verlangen die Vereine aber oft eine Registrierung, um Nutzerdaten zu gewinnen. Die Premier League ist Vorreiter, was kostenpflichtiges Club-TV anbelangt. Während dort jeder Club über ein solches Angebot verfügt, ist das in Spanien nur ein einziger. Über TV-Sender verfügen nur eine geringe Anzahl von Vereinen, welche sportlich und wirtschaftlich in der europäischen Spitze angesiedelt sind. Tabelle 9 verdeutlicht dies noch einmal. Ein Grund hierbei ist wahrscheinlich, dass die hohen Kosten für die Etablierung eines eigenen Club-Senders von kleineren Vereinen schwieriger getragen werden können.

Interessant ist zudem, dass Vereine wie AS Rom und FC Sevilla trotz eines vorhandenen Club-Senders überhaupt keine Online-Videoangebote haben. Auch bei Real Madrid und Inter Mailand spielt dies eine sehr untergeordnete Rolle. Wie andere Vereine beweisen, bieten sich hier aber große Synergiepotentiale.

[151] Da die Anzahl der Vereine in den einzelnen Ligen variiert, wurde für eine bessere Vergleichbarkeit auf Prozentwerte zurückgegriffen.

	Rangliste Wirtschaft[152]	Rangliste Sport[153]
Olympique Lyon	13	8
Olympique Marseille	19	24
AC Mailand	6	1
Inter Mailand	9	9
Juventus Turin	12	23
AS Rom	10	16
FC Barcelona	3	4
Real Madrid	1	10
FC Sevilla	-	6
FC Chelsea	4	2
Manchester United	2	7
Arsenal London	5	5
FC Liverpool	8	3

Tabelle 9: Sportliche und wirtschaftliche Leistungsfähigkeit von Vereinen mit einem Club-Sender im europäischen Vergleich

Eine interessante Konstellation lässt sich bei der Analyse der Partner für die Realisierung des internetbasierten Club-TV-Angebots beobachten. In allen Ligen, in denen verstärkt kostenpflichtige Videoinhalte angeboten werden, vereinnahmt ein Partner zahlreiche Vereine (vgl. Tabelle 10). Möglicherweise wurde die Motivation vieler Vereine zur Etablierung eines Club-TV-Angebotes dadurch vorrangig exogen durch entsprechende Kooperationsangebote kompetenter Unternehmen geweckt.

	Pay-Angebote	**Hauptpartner**	**Hauptpartner**	**in Prozent**
1. Bundesliga	12	BTD New Media	6	50%
2. Bundesliga	9	BTD New Media	9	100%
Premier League	20	Perform	13	65%
Ligue 1	8	Sportfive	4	50%

Tabelle 10: Verteilung der Partner bei der Realisierung eines Club-TV Angebots

Bei den Preisstrukturen sind ebenfalls einige ligenspezifische Unterschiede erkennbar. Während in der Premier League ein relativ hohes Preisniveau herrscht, sind dort kaum Preisdifferenzen zwischen den einzelnen Angeboten erkennbar. Ganz anders verhält sich dies in der Ligue 1, wo die Jahrespreise zwischen 15 und 60 € variieren.

152 Rangliste gemäß den 20 umsatzstärksten europäischen Clubs der Saison 2006/07, vgl. Deloitte (2008), S. 6ff.

153 Rangliste gemäß des Teamkoeffizienten der UEFA-Fünfjahreswertung, Stand 20.04.2008; vgl. www.5-jahres-wertung.de.

Gerade in Frankreich macht es den Eindruck, als herrschten zwischen den Vereinen sehr unterschiedliche Ansichten über das beste Erlösmodell, was auch die hohe Anzahl an qualitativ guten kostenfreien Club-TV-Angeboten belegt.

	Mittelwert	**Minimum**	**Maximum**
1. Bundesliga	37,38 €	17,99 €	47,88 €
2. Bundesliga	41,59 €	35,55 €	47,40 €
Premier League	52,95 €	50,39 €	62,99 €
Ligue 1	41,61 €	15,00 €	60,00 €
Serie A	35,50 €	34,99 €	36,00 €
Primera Divisiòn	49,95 €	49,95 €	49,95 €

Tabelle 11: Preise für die Jahresnutzung eines Club-TV-Angebots

Inhaltlich sind kaum Unterschiede zwischen den einzelnen Ligen erkennbar. Ein Zusammenhang zwischen der Qualität des Angebots und dem Preis lässt sich nicht feststellen. Auffällig war auch, dass die wenigsten kostenfreien Angebote mit Werbeaktivitäten verbunden sind, wodurch eine direkte Refinanzierung der Kosten für Club-TV fast ausgeschlossen ist.

An dieser Stelle muss jedoch erwähnt werden, dass in jedem der betrachteten Länder technologische, rechtliche und ökonomische Rahmenbedingungen herrschen, die nicht ohne weiteres auf ein anderes Land übertragen werden können.[154] Trotzdem können daraus interessante Hinweise für die Ausgestaltung eines Club-TV-Angebots gezogen werden, auf die in Kapitel 8 noch einmal eingegangen wird.

[154] Beispielsweise besitzen in Großbritannien über 40 % der Haushalte Pay-TV, was eine generell höhere Zahlungsbereitschaft für Sportinhalte vermuten lässt, vgl. Boyle/Haynes, S. 103.

7 Studie: Erfolgspotential von internetbasiertem Club-TV für die Bundesliga

In diesem Kapitel wird durch die Auswertung von Experteninterviews eine Antwort auf die zentrale Frage der Studie gesucht. Es soll somit untersucht werden, ob bzw. unter welchen Bedingungen internetbasiertes Club-TV eine neue Erlösquelle für Fußball-Bundesligavereine sein kann.

7.1 Untersuchungsdesign

Vor der eigentlichen Auswertung der Interviews ist eine kurze Vorstellung des Untersuchungsdesigns notwendig. Dadurch sollen die Ergebnisse der Untersuchung nachvollziehbar werden.

7.1.1 Untersuchungsmethode

Wie bereits in Kapitel 2.2 erläutert, ist der Forschungsstand im Bereich internetbasiertes Club-TV noch äußerst bruchstückhaft. Deshalb sollte die Untersuchungsmethode zunächst einen explorativen Charakter haben, um dadurch neue Erkenntnisse zu gewinnen und die theoretische Basis zu erweitern. Wenn es darum geht, einen ersten Einblick in ein bestimmtes Themengebiet zu erhalten, bieten sich besonders Methoden der qualitativen Forschung an.[155] Während bei der quantitativen Forschung die Überprüfung theoretisch erarbeiteter Hypothesen anhand von repräsentativen und standardisierten Befragungen im Vordergrund steht, dominieren bei der qualitativen Forschung die Äußerungen und Interpretationen des Einzelnen.[156] Aus den beobachteten Einzelfällen kann dann induktiv auf allgemeingültige Theorien geschlossen werden.[157] Qualitative Methoden zeichnen sich grundsätzlich durch einen geringeren Standardisierungsgrad aus.[158]

Im Rahmen qualitativer Erhebungsverfahren bietet sich im vorliegenden Fall ein persönlich geführtes, leitfadengestütztes Experteninterview an.[159]

Als Experte gilt in diesem Fall, wer „auf einem begrenzen Gebiet über ein klares und abrufbares Wissen verfügt [...][160]“. Experteninterviews sind dabei eine Methode, die-

---

155 Vgl. Konrad (1999), S. 36.
156 Vgl. Diekmann (2004), S. 444.
157 Vgl. Mayer (2002), S. 23.
158 Vgl. Diekmann (2004), S. 374f.
159 Eine Übersicht über verschiedene Interviewarten bieten u.a. Diekmann (2004), S. 443ff; Atteslander (1995), S. 157ff; Schnell (1993), S. 389ff.

ses Wissen zu erschließen.[161] Das Experteninterview kann als eine besondere Form des Leitfadeninterviews eingeordnet werden.[162] Die Auswahl dieser Methode vereint einige Vorteile im Bezug auf die Zielsetzung der Untersuchung. So kann durch offene Gesprächsführung und die Erweiterung von Antwortspielräumen der Bezugsrahmen des Befragten bei der Fragenbeantwortung miterfasst werden.[163] Zudem stellt ein Interview-Leitfaden sicher, dass alle forschungsrelevanten Themen auch tatsächlich angesprochen werden sowie dass zumindest eine rudimentäre Vergleichbarkeit der Interviewergebnisse gewährleistet werden kann.[164] Zuletzt dient ein gut ausgearbeiteter Leitfaden auch dazu, als fachlich kompetenter Gesprächspartner von den Experten ernst genommen zu werden.[165]

7.1.2 Interviewleitfaden

Das Leitfadeninterview ist eine teilstrukturierte Form der Befragung. Dabei ist im Rahmen des Leitfadens weder die Fragenformulierung noch deren Reihenfolge verbindlich. Zudem hat der Interviewer die Möglichkeit, aus dem Gespräch sich ergebende Themen aufzunehmen und sie von den Antworten ausgehend weiter zu verfolgen.[166] Ziel ist somit ein möglichst natürlicher Gesprächsverlauf.[167] Deshalb sollte der Interviewleitfaden möglichst einfach strukturiert und übersichtlich sein. Er enthält alle wichtigen Themenkomplexe zum Bereich internetbasiertes Club-TV und soll den Interviewpartner dahin führen, einen Überblick über das Erlöspotential internetbasierten Club-TVs für Fußball-Bundesligavereine zu geben. Der Interviewleitfaden wurde, wie in der Literatur gefordert[168], vor Beginn der eigentlichen Befragungen in Probeinterviews getestet und dabei aufgetretene problematische Frageformulierungen oder Begriffe angepasst.[169] Vor jedem Interview wurden zudem interessante Fragen, die den Geschäftsbereich des jeweiligen Interviewpartners betreffen, mit in den Leitfaden eingearbeitet. Neben der Sicherstellung der Vergleichbarkeit durch die Ansprache der

160 Meuser/Nagel (1997), S. 484.
161 Vgl. Gläser/Laudel (2004), S. 10.
162 Vgl. Mayer (2002), S. 37.
163 Vgl. Schnell (1993), S. 390f.
164 Vgl. Mayer (2002), S. 36; Schnell (1993), S. 391.
165 Vgl. Mayer (2002), S. 37.
166 Vgl. Atteslander (1995), S. 162.
167 Zur Gesprächsführung und Fragenformulierung im Leitfadeninterview vgl. Gläser/Laudel (2004), S. 116ff.
168 Vgl. Mayer (2002), S. 44f.
169 Eine allgemeine Fassung des Interviewleitfaden findet sich in Anhang I, S. 1ff.

gleichen Themenkomplexe konnte so auch auf die individuellen Erfahrungen und Kenntnisse der einzelnen Interviewpartner eingegangen werden.[170]

7.1.3 Interviewpartner

„Die Auswahl von Interviewpartnern entscheidet über die Qualität der Informationen, die man erhält.“[171] Zur Auswahl geeigneter Personen muss man sich zunächst vergegenwärtigen, wer über die für die angestrebte Rekonstruktion notwendigen Informationen verfügt. Alle notwendigen Informationen zu beschaffen, bedeutet zudem meist, mehrere Akteure zu befragen, die aufgrund ihrer spezifischen Stellung in dem zu rekonstruierenden Prozess jeweils über andere Informationen verfügen.[172] Um möglichst vielfältige Informationen zu erhalten, wurde versucht, sich dem Thema von verschiedenen Seiten zu nähern. Neben den direkt beteiligten Bundesligavereinen betrifft dies auch Medienunternehmen, Vermarktungs-unternehmen sowie technische Dienstleister/Produzenten, die in den Wertschöpfungsprozess integriert sind. Zudem wurden auch Experten hinzugezogen, die nicht direkt involviert sind, aber aufgrund ihrer beruflichen Erfahrung ein umfassendes Wissen über Sport und Medien im Allgemeinen sowie über audiovisuelle Sportinhalte im Internet im Besonderen besitzen. Insgesamt umfasst die Untersuchung 16 Experteninterviews, von denen 12 persönlich vor Ort geführt wurden, drei Interviews wurden mittels Telefon erhoben, eines mittels Skype-Chat. Allen Interviewpartnern wurde Anonymität zugesichert, deshalb bleiben die Namen und Unternehmen der Gesprächspartner in dieser Arbeit ungenannt. Tabelle 12 gibt einen groben Überblick über die Interviewpartner.

[170] Vgl. Gläser/Laudel (2004), S. 113.
[171] Gläser/Laudel (2004), S. 113.
[172] Vgl. Gläser/Laudel (2004), S. 113.

Experte[173]	Position[174]	Branche	direkt involviert[175]
A	Online-Redakteur	Bundesligaverein (mit Club-TV)	Ja
B	Leitung neue Medien	Bundesligaverein (mit Club-TV)	Ja
C	Leitung neue Medien	Bundesligaverein (mit Club-TV)	Ja
D	Mediendirektor	Bundesligaverein (mit Club-TV)	Ja
E	Leitung neue Medien	Bundesligaverein (mit Club-TV)	Ja
F	Mediendirektor	Bundesligaverein (Club-TV in Planung)	Ja
G	Mediendirektor	Bundesligaverein (Club-TV in Planung)	Ja
H	Leitung Marketing	Bundesligaverein (mit Club-TV)	Ja
I	Leitung neue Medien	Bundesligaverein (mit Club-TV)	Ja
J	Leitung Marketing & PR	Audiovisuelle Medien	Ja
K	Redakteur Fußball	Audiovisuelle Medien	Nein
L	Projektmanager Marketing	Produktion/Vermarktung/Consulting	Nein
M	Verantwortlicher Club-TV	Produktion	Ja
N	Geschäftsführer	Produktion/audiovisuelle Medien	Ja
O	Leitung neue Medien	Vermarktung/audiovisuelle Medien	Ja
P	Redakteur	Fachzeitschrift IPTV	Nein

Tabelle 12: Übersicht über die Herkunft der Interviewpartner

7.1.4 Auswertung der Interviews

Die Auswertung der Interviews erfolgte nach der Methode der qualitativen Inhaltsanalyse.[176] Ziel dabei ist es, eine von den Ursprungstexten verschiedene Informationsbasis zu schaffen, die nur noch die Informationen enthalten soll, die für die Beantwortung der Untersuchungsfrage relevant sind, um dadurch die Informationsfülle systematisch zu reduzieren und entsprechend dem Untersuchungsziel zu strukturieren.[177] In dieser Arbeit wurde für die Auswertung eine von Meuser und Nagel speziell für Experteninterviews entwickelte Methode zugrunde gelegt[178] und geringfügig modifiziert. Sie gliedert sich in Transkription, Paraphrasierung, das Formulieren von Überschriften, das Bündeln dieser Überschriften, das Erstellen eines thematischen Vergleichs sowie die theoretische Generalisierung.

Im ersten Schritt der **Transkription** wurden alle auf Tonträgern gespeicherten Interviews in Schriftform überführt. Die Originalaussagen wurden dabei grundsätzlich

---

[173] Die Reihenfolge der Experten entspricht nicht der Nummerierung der Interviews.

[174] Aus Gründen der Übersichtlichkeit entspricht die hier angegebene Position teilweise nicht der offiziellen Bezeichnung der Position.

[175] Direkt involviert in die Wertschöpfung eines Club-TV-Angebots.

[176] Vgl. Mayring (2007), S. 42ff; Gläser & Laudel (2004), S. 191ff; Mayer (2002), S. 46ff; Flick (2006), S. 243ff.

[177] Vgl. Gläser & Laudel (2004), S. 194.

[178] Vgl. Meuser/Nagel (1991), S. 451ff, Meuser/Nagel (1997), S. 488ff.

direkt übertragen, es erfolgte lediglich eine entsprechende Anpassung für Dialektsprache, Füllwörter, Versprecher oder ähnliches.
Im Schritt der **Paraphrasierung** wurden alle nicht inhaltstragenden Bestandteile der Interviews sowie ausschmückende Passagen gefiltert und die Aussagen extrahiert. Zusätzlich wurden alle Aussagen mit einem Code versehen, um die Zuordnung zu gewährleisten (Vgl. Tabelle 13).

Kodierung[179]	Paraphrasierung
15-27	Neukunden werden nur durch Erfolg der Mannschaft auf Club-TV aufmerksam
15-28	Gewisses Interesse im Ausland vorhanden, aber bislang nur deutsche Beiträge
15-29	weitere Sprachen angedacht, aber dadurch auch hohe Zusatzkosten

Tabelle 13: Beispiel für Paraphrasierung und Kodierung

Um die Informationsfülle weiter zu reduzieren und die Aussagen zu strukturieren, wurden im Anschluss aus den Aussagen **Überschriften** gebildet. Dabei konnte eine Aussage auch durchaus mehreren Überschriften zugeordnet werden, um den zahlreich auftretenden Interkausalitäten Rechnung zu tragen. In einem nächsten Schritt wurden zur Komplexitätsreduktion diese Überschriften noch einmal **gebündelt** (Vgl. Tabelle 14).

Überschriften	Bündelung
Kundenbindung (02-08)	Kundenbindung (02-08)
Erlöse durch Rezipienten (02-10)	direkte Erlöse (02-10, 02-11)
Erlöse durch Sponsoren (02-11)	Zielgruppe (02-12, 02-13, 02-14)
Zielgruppe (02-12, 02-13, 02-14)	

Tabelle 14: Beispiel für Bildung von Überschriften und Bündelung

Während bis dahin die Auswertung nur in den Einzelinterviews erfolgte, wurden nun die gebündelten Überschriften aller Interviews zu einem **thematischen Vergleich** in Oberkategorien eingeordnet (Vgl. Tabelle 15).

179 Nummer des Interviews – Nummer des Arguments.

Nr	Rezipientenmarkt	Werbemarkt
1	Interaktivität (01-96) Exklusive Informationen (01-135, 01-136) Exklusivität (01-15, 01-42, 01-88) Innovativität (01-45) VoD (01-14) gebündelte Informationen (01-88) Fanservice (01-44) Usability (01-133) Laufendes Programm (01-124	Sponsoren (01-23, 01-26, 01-32, 01-33, 01-66, 01-165) Reichweite/Sponsoren (01-24, 01-68) Wahrnehmung/Sponsoren (01-25) internetaffine Sponsoren (01-27, 01-28, 01-33) Werbeformen (01-29, 01-30, 01-31, 01-67) Interaktivität/Sponsoren (01-70)
...		
3	on demand (03-08) weltweite Verbreitung (03-09, 03-76) Exklusivität (03-10, 03-08, 03-35, 03-54) Nähe zu Mannschaft/Verein (03-11) Blick hinter die Kulissen (03-17) Live (03-57, 03-58) Aktualität (03-83)	Sponsoring (03-13, 03-27, 03-28) Reichweite/Sponsoren (03-24, 03-32) Imagetransfer/Sponsoren (03-25) Cross-Media-Sponsoring (03-26) Werbetrailer (03-29) Sponsorenvideos (03-30) internetaffine Sponsoren (03-31)

Tabelle 15: Beispiel für die Bildung der Oberkategorien

Innerhalb dieser Themenkomplexe wurden dann Einzelkategorien gebildet und die gebündelten Überschriften mit den ihnen zugehörigen Aussagen zugeordnet.

Transport eigener Perspektive (02-53)	02-53	Möglichkeit, die Club-Perspektive zu kommunizieren
Transport eigener Inhalte (03-40, 03-90)	03-40	Möglichkeit, durch Club-TV eigene Inhalte zu transportieren
	03-90	Club-TV als Möglichkeit ungefiltert Informationen zu transportieren
direkte Kommunikation mit Fans (04-06, 04-11)	04-06	Club-TV ist Möglichkeit der direkten Kommunikation mit den Fans
	04-11	Wert durch Möglichkeit der direkten Kommunikation mit den Fans
direkte Kommunikation (05-13, 05-26, 05-60)	05-13	Wert durch direkte Kommunikation mit den Fans
	05-26	Möglichkeit, die Dinge nach eigener Ansicht darzustellen
	05-60	In Situationen, wo Spieler oder Verein sich nicht richtig dargestellt fühlen ist die eigene Kommunikation ein wichtiges Medium
direkte Kommunikation (08-27)	08-27	Club TV is very important for the brand policy as it allows you to present yourself to a willing audience with total control
...	...	...

Tabelle 16: Beispiel für die Bildung der Einzelkategorien (Kategorie „direkte Kommunikation")

Dadurch war es nun möglich, alle zu einer bestimmten Kategorie passenden Aussagen miteinander zu vergleichen. Basis der Kategorienbildung waren hier zum Einen die Ergebnisse der Interviews, zum Anderen erfolgte aber auch eine Orientierung an den theoretischen Erkenntnissen aus den vorangegangenen Kapiteln. Die Ergebnisse werden im folgenden Kapitel vorgestellt.

Der letzte Schritt umfasst die **theoretische Generalisierung**, die einen Vergleich der theoretischen Grundlagen mit den gewonnenen Erkenntnissen verlangt. Darauf wird in Kapitel 8 eingegangen.

Ein wichtiger Aspekt quantitativer Forschung ist die **Reliabilität**, d.h. die Zuverlässigkeit der Ergebnisse aus den erhobenen Daten. Zu ihrer Messung existieren in der Literatur verschiedene Ansätze.[180] Zur quantitativen Bestimmung der Reliabilität aus qualitativ erhobenen Datensätzen bietet sich die Ermittlung der „percentage of agreement" an.[181] Dabei werden ein oder mehrere zusätzliche Forscher hinzugezogen, die unabhängig voneinander verschiedene Argumente der Experten in entsprechende Kategorien einordnen. Die prozentuale Übereinstimmung aller Zuordnungen sollte dabei über 0,8 sein, damit die getroffenen Klassifizierungen der Forscher als zuverlässig angesehen werden können.[182]

In dieser Studie wurde aufgrund der Fülle der Daten eine Stichprobenüberprüfung durchgeführt, bei der zwei weitere Forscher jeweils zwei zufällig gewählte Interviews aufgreifen und die dort getätigten Aussagen in Einzelkategorien einordnen. Sie können dabei aus den vom ersten Forscher bereits erstellten Einzelkategorien auswählen und müssen die Aussagen dann zuordnen.[183] Sollten alle zur Verfügung stehenden Kategorien unpassend erscheinen, folgt eine Diskussion mit anschließender Anpassung der Einzelkategorien.

Tabelle 17 verdeutlicht die durchgeführte Reliabilitätsmessung. Die Ergebnisse von über 80 % lassen auf die Zuverlässigkeit der ausgewerteten Daten schließen.

	Zuordnungen	**Überein-stimmungen**	**Widersprüche**	**Reliabilitäts-maß**
Forscher 2	149	131	18	0,88
Forscher 3	137	114	23	0,83

Tabelle 17: Ergebnisse der stichprobenartigen Reliabilitätsmessung

Allerdings wird gerade in neuerer Literatur bei qualitativen Verfahren der Sinn einer Reliabilitätsmessung durch ein Re-Test-Verfahren mit anschließender Überprüfung der Übereinstimmungen in Frage gestellt.[184] Flick führt stattdessen als Reliabilitätskriterium unter anderem die reflexive Dokumentation des Forschungsprozesses an.[185] Durch eine ausführliche Darstellung der einzelnen Auswertungsschritte soll somit die

[180] Vgl. Flick (2006), S. 319ff, Keaveney (1995), S. 73ff., Becher, S. 115ff.
[181] Vgl. Keaveney, S. 73.
[182] Vgl. Keaveney, S. 73. Als Schwäche der "percentage of agreement" wird allgemein die Möglichkeit zufällig richtiger Zuordnungen der weiteren Forscher gesehen. Bei einer wie in diesem Fall großen Zahl an Einzelkategorien hat diese Problematik jedoch eher untergeordnete Bedeutung.
[183] Da sich die Einzelkategorien z.T. auf unterschiedlichen Abstraktionsniveaus befinden, würde eine freie Kategorienbildung zu sehr geringen Übereinstimmungen führen.
[184] Vgl. Flick (2006), S. 322; Richards (2005), S. 98ff.
[185] Vgl. Flick (2006), S. 322.

Methodik nachvollziehbar sein und dadurch ebenfalls ein gewisses Maß an Reliabilität belegt werden. Richards betont die Notwendigkeit der Diskussion der erhobenen Daten und ihrer Auswertung mit Forscherkollegen, um die Zuverlässigkeit zu erhöhen. Beide Argumente wurden in dieser Untersuchung ebenfalls umgesetzt.[186]

7.2 Ergebnisse

Dieses Kapitel stellt die zentralen Ergebnisse der leitfadengestützten Experteninterviews vor.

7.2.1 Club-TV als direkte Erlösquelle

In diesem Abschnitt wird zunächst die Wertschöpfung für die Zielgruppen in den jeweiligen Märkten des Club-TV betrachtet, um dann daraus entsprechende Erlösmodelle abzuleiten. Club-TV kann auf den einzelnen Märkten aber nur dann ein erfolgreiches Produkt sein, wenn die Angebote auch mit den entsprechenden Zielgruppen übereinstimmen. „Übrigbleiben werden nur die, die am zielgruppennähesten laufen und ihre Zielgruppe auch erreichen können."[187]

7.2.1.1 Rezipientenmarkt

Der Rezipientenmarkt ist der wichtigste Markt im Bereich Club-TV, da sich auch die Werbung und die Medien letztendlich wieder an die Rezipienten richten. So können nur durch eine Nutzenstiftung bei den Endkunden auch Werte für Werbung und Medien geschaffen werden.

7.2.1.1.1 Zielgruppe

Club-TV stellt nach Ansicht der meisten Experten ein Angebot für alle Fans dar. Notwendige Bedingung dabei ist jedoch die Internetaffinität der Rezipienten. Je höher der Grad des Fantums und der Internetaffinität, desto höher ist die Wahrscheinlichkeit der Nutzung des Angebots. Als vorrangige Nutzergruppe wurde somit der internetaffine „Hardcore-Fan" identifiziert. Gerade bei Bezahlangeboten ist der Identifikationsgrad mit dem Verein eine entscheidende Komponente. Im erweiterten Kreis wurde als Zielgruppe auch der Fan von außerhalb angegeben, der nicht die Möglichkeit zu regelmäßigen Stadionbesuchen hat. Eine internationale Fokussierung wird

---

186 Vgl. Richards (2005), S. 99.

187 Falls nicht gesondert ausgewiesen, beziehen sich im Folgenden sämtliche Zitate auf Aussagen der Interviewpartner.

zwar ins Auge gefasst, ist aber stark von der Vereinsgröße abhängig und hat eher langfristige Bedeutung.

7.2.1.1.2 Wertschöpfung

Um auf dem Rezipientenmarkt erfolgreich zu sein, müssen zunächst Werte für die Rezipienten geschaffen werden.

Ein wichtiger Nutzen für die Kunden liegt in der Natur des Mediums Internet und seiner Verbreitungstechnologie. So können alle Inhalte zu jeder Zeit und an jedem Ort konsumiert werden. Da die Videoclips fast ausnahmslos on Demand angeboten werden, kann „der Rezipient sich [...] aussuchen, was er sehen will und wann er es will.“ Außerdem erlaubt das Internet eine weltweite Verbreitung.

Viele Experten haben Club-TV als „Fan-Service“ betitelt. Hinter dem Service-Gedanken versteckt sich die Bereitstellung von audiovisuellen Inhalten in Form von Informationen und Unterhaltung. Gerade die Verbindung dieser beiden Faktoren ist nach Ansicht einiger Fachleute wichtig. Als positiv wird zudem erachtet, dass die Informationen in gebündelter Form vorliegen. Folgende Aussage beschreibt diesen Kundennutzen treffend: „he can get the latest without firing up the computer, using teletext, etc”.

Ein weiterer Nutzen für den Rezipienten ist, dass ihm durch die Inhalte Nähe zu Mannschaft und Verein vermittelt wird. Dies wird durch das Design der Seite noch verstärkt, das meistens in den Logos und Farben des Vereins gehalten ist. Zudem bringen „Videos [...] diese Nähe viel besser als Print oder Audio.“ Um die Identifikation der Rezipienten mit dem Club-TV noch zu verstärken, werden viele Inhalte bewusst subjektiv dargestellt. So erhalten die Kommentare der Spielszenen oder auch viele Audio-Kommentare keine objektive Berichterstattung, sondern der Schwerpunkt wird klar auf den eigenen Verein gelegt. Dies darf jedoch auch nicht übertrieben werden, da es stets wichtig ist, „in den eigenen Angeboten Glaubwürdigkeit zu vermitteln und nicht zu beschönigen“.

Ein weiterer Faktor zur Vermittlung von Nähe zum Club-TV bzw. zum Verein ist die Möglichkeit für den User, selbst aktiv zu werden. Bereits bei der Erstellung des Angebots freuen sich viele Fans, wenn ihre Meinung gehört wird. Auch danach sind die Möglichkeiten eines Feedbacks oder die Kommunikation in Form von Star Chats oder Podcasts von Bedeutung. Das Medium Internet bietet hierzu optimale Gelegenheit.

Als notwendig für eine Nutzenstiftung beim Rezipienten wird die Aktualität des Angebots und die Benutzerfreundlichkeit gesehen. Deshalb sollte die Technik für den User möglichst einfach sein und funktionieren.
„Content is king [...]". Selbstverständlich hängt die Nutzenstiftung für die Rezipienten hauptsächlich von den gezeigten Inhalten ab. Zwei Faktoren sind hierbei von entscheidender Bedeutung: Live und exklusiv. Live-Inhalte sind nicht ganz einfach im Club-TV zu realisieren, da die Rechtelage dies vorrangig nur bei Privatspielen zulässt. Für exklusive Angebote bieten sich hingegen durchaus einige Potentiale, welche im Folgenden konkretisiert werden.
Zunächst können die Inhalte in zwei Komplexe eingeteilt werden. Diese umfassen die Spielberichte der Bundesliga sowie Zusatzcontent in Form von Interviews, Pressekonferenzen, Hintergrundberichten etc.
Die ***Bundesligaspiele***[188] werden kurze Zeit nach Abpfiff der Spiele auf der Club-TV-Plattform sowohl als Zusammenfassung als auch in voller Länge zur Verfügung gestellt. Zwar ist dieses Angebot weder live noch exklusiv, trotzdem betont der Großteil der Experten, dass den Rezipienten dadurch ein Mehrwert entsteht. Dieser kann in der bereits erwähnten ständigen Verfügbarkeit bestehen, aber auch in einer zeitlichen Exklusivität vor der ersten Free-TV-Berichterstattung der Sportschau liegen, welche zudem auch nur neutral zusammengestellte Spielzusammenfassungen bietet.
„Bundesligaspiele sind Basis, aber der ***Zusatzcontent*** ist entscheidend." Dieser Bereich ist nach Expertenansicht essentiell dafür, dass die Rezipienten das Produkt als werthaltig empfinden. So erhalten sie hier ausführliche Informationen rund um die Mannschaft, die Spiele und den Verein. Im Bereich des Zusatzcontents hat der Club zudem die Möglichkeit, Exklusivität zu schaffen. Nachdem das Club-TV ein vereinsinternes Medium ist, kann es auch über Dinge berichten, die für andere Medien nur schwer oder gar nicht zugänglich sind. Durch die Nähe zur Mannschaft bieten sich beispielsweise Berichte über das Trainingslager, Mannschaftsabende oder interne Abläufe im Verein an. Mit dem „Blick hinter die Kulissen" kann somit ein ausgesprochener Mehrwert für die Kunden geschaffen werden.
Als äußerst zweischneidiges Schwert wird hingegen von Vereinsseite aus die Verbreitung von exklusiven Medieninformationen (z.B. Spielerpräsentationen, Trainerwechsel, etc.) über die Club-TV-Plattform gesehen. Zwar würden sie unbestritten die Werthaltigkeit des Club-TV stark erhöhen, dafür müsste aber der Informationszufluss

---

[188] Bei anderen Pflichtspielen verhält es sich ähnlich, vgl. dazu auch Kapitel 4.2.1.

für die klassischen Medien eingeschränkt werden. Da diese aber auch einen entscheidenden Anteil an der öffentlichen Meinungsbildung über den Verein haben, wollen die Clubs möglichst gut mit den Medien kooperieren. Hier ist sozusagen eine Gratwanderung des Vereins nötig, bei der die jeweiligen Interessen gegeneinander abgewogen werden müssen.

Im Folgenden werden noch einige „Sonder-Inhalte“ vorgestellt und auf die Werthaltigkeit für die Rezipienten sowie auf die Durchführbarkeit überprüft.

Live-Spiele:

Die bisherigen Live-Übertragungen von Pflichtspielen konnten durchwegs als großer Erfolg bewertet werden. Bei Privatspielen war die Resonanz ebenfalls positiv. Zwar fallen hier die Kern-Werttreiber „live“ und „exklusiv“ zusammen, allerdings wird die Werthaltigkeit des Spiels an sich von den Experten unterschiedlich beurteilt. Zudem ist die Übertragung von Live-Spielen mit einem erheblichen Kostenaufwand verbunden, den nicht alle Vereine bereit sind zu tragen. Gerade bei interessanten Spielen stellt sich für die Clubs natürlich auch die Frage, ob sie die Übertragungsrechte an einen Fernsehsender verkaufen oder selbst verwerten. Derzeit wird die eigene Übertragung über Club-TV noch als Ersatzlösung gesehen, wenn keine Fernsehvermarktung zustande kommt, langfristig soll erstere aber durchaus eine Alternative zum Fernsehen darstellen.

Live-Audio-Berichte:

Grundsätzlich wird Audio immer als Ersatzprodukt für Bewegtbilder gesehen. Wenn aber Live-Bilder nur im Pay-TV zu sehen sind und die Berichterstattung in herkömmlichen Radiosendern nicht zu umfangreich ist, stellen Audio-Reportagen definitiv einen Wert für die Rezipienten dar. Dieser ist natürlich besonders groß, wenn die Spiele nicht parallel im Fernsehen laufen und somit exklusiv live übertragen werden.[189] Hier bietet sich ein Potential für unterklassige Vereine, da deren Spiele oft nicht im Fernsehen zu sehen sind. Der Kostenaufwand ist im Vergleich zu audiovisuellen Übertragungen erheblich niedriger. Zudem bietet sich in der Bundesliga die Nutzung von Synergien durch die Verwendung des häufig angebotenen Blinden-Kommentars für sehbehinderte Stadionzuschauer. Ein zusätzlicher Mehrwert für die Rezipienten kann hier aber auch durch subjektive Berichterstattung, prominente Co-Kommentatoren o.ä. geschaffen werden. Für viele Experten stellen Audio-Berichte

[189] So waren die diesjährigen DFB-Pokal-Übertragungen stets mit hohen Zugriffszahlen verbunden. Allerdings werden diese Spiele ab kommender Saison live von Premiere gezeigt.

eine wichtige Komponente des Club-TV dar, da damit dem Rezipienten ein Live-Erlebnis geboten werden kann, das werthaltiger als der Live-Ticker ist.

Trainingsberichte:

Eine dauerhafte Live-Übertragung der Trainingseinheiten stellt keinen großen Mehrwert für die Nutzer dar und ist mit erheblichem Kostenaufwand verbunden. Die Einbindung mehrerer Trainingseinheiten in einen Bericht kann aber durchaus nutzenstiftend sein und wird auch praktiziert. Eine weitere Überlegung besteht in der Übertragung des Trainings via Webcam, das zwar sehr kostengünstig, jedoch qualitativ eher minderwertig ist.

Nachwuchsspiele:

Spiele der Jugendmannschaften und der 2. Mannschaft stellen sich nach überwiegender Ansicht der Experten lediglich für eine kleine Gruppe als werthaltig dar. Da auch hier die Produktionskosten nicht zu unterschätzen sind, beschränken sich die meisten Vereine auf bestimmte Highlights, die vorrangig als Zusammenfassungen zu sehen sind. Zudem stehen den Vereinen für die Regionalliga und die Oberliga nur sehr beschränkt Rechte zur Eigenvermarktung zur Verfügung.[190]

Internationale Angebote:

Beiträge aus dem Club-TV werden bislang nur von einem befragten Verein in Englisch angeboten. Auch wenn einige Experten fremdsprachliche Angebote durchaus als sinnvoll erachten, wird auch hier wieder das Verhältnis von Aufwand und Nutzen in Frage gestellt.

User generated Content:

Die Möglichkeit für die User, eigene Videos im Club-TV zu präsentieren, wird insgesamt als sehr interessant erachtet. Einige Experten ordnen User generated Content jedoch eher als Trend ein, der sich nicht dauerhaft durchsetzen wird. Trotzdem sind viele derartige Angebote in Planung, teilweise werden sie auch schon durchgeführt. Von höchster Bedeutung ist hierbei jedoch eine Moderation seitens des Plattformbetreibers, um Missbrauch in Form von unangebrachten Videos zu vermeiden.

Virtueller Sport:[191]

Virtueller Sport wurde als absoluter Wachstumsmarkt identifiziert. Einer Integration in eine Club-TV-Plattform räumt der Großteil der Experten großes Potential ein. Ei-

[190] Die Vermarktungsrechte liegen bei SportA.

[191] Virtueller Sport umfasst hier sowohl E-Sport (Wettkämpfe in Computerspielen im Mehrspielermodus) als auch andere Formen, wie z.B. auf realen Ergebnissen basierende Managerspiele (Communio, Kicker Managerspiel) oder die von der DFL unterstützte Virtual Kicker League.

nige wenige geben jedoch zu bedenken, dass die Zielgruppen für realen Sport und für virtuellen Sport möglicherweise nur geringe Überschneidungen aufweisen.
"Content is king, quality is queen." Neben dem Inhalt ist auch die Qualität ein sehr entscheidender Faktor für eine Nutzenstiftung beim Rezipienten. Dabei muss sowohl die redaktionelle Qualität als auch die technische Qualität auf einem hohen Niveau sein, damit das Club-TV von den Kunden angenommen wird.

7.2.1.2 Werbemarkt

Der Werbemarkt[192] für Club-TV ist bei vielen Angeboten erst in der Entwicklung. Es bestehen hier aber durchaus einige Potentiale.

7.2.1.2.1 Zielgruppe

Als Zielgruppe auf dem Werbemarkt werden zunächst vorrangig Sponsoren angesprochen, die bereits mit dem Verein kooperieren. Hier zeigt sich jedoch die Problematik, dass nur wenige Sponsoren bereit sind, über den bereits vertraglich fixierten Betrag hinaus Zusatzleistungen in Anspruch zu nehmen. Somit ist die Präsentation auf der Club-TV-Plattform oftmals nicht direkt mit einer monetären Gegenleistung verbunden. Die Auswahl neuer Werbepartner ist jedoch auch nicht ganz einfach, da den meisten bestehenden Sponsoren umfangreiche Exklusivitätsrechte in ihrem Branchenumfeld zustehen, was den Kreis potentieller neuer Partner erheblich einschränkt.
Als Zielgruppe für ein Engagement im Club-TV wurden übereinstimmend internetaffine Unternehmen identifiziert.

7.2.1.2.2 Wertschöpfung

Der Werbemarkt für Internet im Allgemeinen und Internet-TV im Besonderen wird als sehr dynamisch eingeschätzt. Dadurch ergeben sich auch Erlöspotentiale für Club-TV. Allerdings bedauern einige Experten das noch mangelnde Bewusstsein vieler Unternehmen für die Werthaltigkeit von Sponsoring-Engagements im Internet.
Als wichtiges Kriterium für Werbetreibende gilt selbstverständlich die Reichweite ihrer Werbung. Hier bieten Bezahlangebote große Nachteile, da diese eine erheblich geringere Reichweite als kostenfreie Angebote aufweisen und somit für den Sponsor stark wertmindernd sind. Ausgeglichen werden kann dies aber durch ein hohes

[192] Sponsoring bzw. Sponsor sowie Werbung bzw. Werbepartner werden in diesem Kapitel synonym verwendet, da auch der Großteil der Interviewpartner hier keinen Unterschied gemacht hat und somit hier eine Unterscheidung nicht möglich bzw. nicht sinnvoll ist.

Involvement der Rezipienten. Durch den Bezahlbereich entsteht eine höhere Wertschätzung, stärkere Nutzung und längere Aufenthaltsdauer der User, was zu einer besseren Wahrnehmung der Werbebotschaften führt.

Als stark wertsteigernd kann sich zudem die Zielgruppe im Club-TV darstellen: „[...] interested in football, male between 15 and 35 - the "holy grail" of advertising.“ Diese Zielgruppe lässt sich ohne große Streuverluste gezielt bewerben und die Kunden haben aufgrund der Natur des Internets bei Interesse sofort die Möglichkeit, direkte Kontakte zum Unternehmen herzustellen, was für beide einen erheblichen Mehrwert darstellt.

Ein Engagement im Club-TV verhilft dem Unternehmen zu einem innovativen Image und führt zu einem positiven Imagetransfer. Besonders stark kann eine Verbindung zwischen Sponsor und Verein verdeutlicht werden, wenn beispielsweise öffentlich publiziert wird, dass ein Unternehmen durch Übernahme der Produktionskosten die Übertragung eines Spiels erst ermöglicht.

Mangelnde Reichweite im Medium selbst lässt sich über die cross-mediale Vernetzung der Aktivitäten ausgleichen. So kann der jeweilige Sponsor im Rahmen von Club-TV-Werbemaßnahmen in den vereinsinternen Medien sowie im Stadion mit präsentiert werden, was erhebliche Reichweitenvorteile schafft. Bei entsprechender Ausgestaltung ist auch eine Nutzung der Kundendaten durch Sponsoren denkbar, womit diese direkt Kontakt zu den Rezipienten aufnehmen können.

Bei den Werbeformen eröffnet sich ein weites Feld an Möglichkeiten, da sowohl klassische Internet-Werbeformen als auch TV-Werbeformen verwendet werden können. Gesondert erwähnt wurde das Presenting bestimmter Inhalte in Form von vor- oder nachgelagerten kurzen Werbespots. Als äußerst interessant wird die Möglichkeit erachtet, Sponsoren inhaltlich in die Beiträge einzubinden. So lassen sich beispielsweise Reportagen zusammen mit Spieler und Sponsor produzieren, wodurch die Verbindung zwischen Sponsor, Verein und Rezipient gestärkt wird.

7.2.1.3 Rechtemarkt

Wie bereits in Kapitel 5.3.1.3 erläutert, handelt es sich im Rechte- bzw. Medienmarkt hauptsächlich um den Verkauf von Content und die Veräußerung eigener medialer Verwertungsrechte. In diesem Abschnitt wird der Schwerpunkt auf den Verkauf von Inhalten gelegt. Eine komplette Fremdvergabe des Club-TV an Medienunternehmen scheint in der Praxis kaum realisierbar zu sein, da die Clubs gerade bei der Beitragserstellung stark involviert sein müssen, um die angesprochenen Mehrwerte für die

Rezipienten zu schaffen. Außerdem kann in einem solchen Fall per definitionem nicht mehr von Club-TV gesprochen werden.[193] Auf mögliche Kooperationsmodelle wird in Kapitel 7.2.3.2 eingegangen.

7.2.1.3.1 Zielgruppe

Die Zielgruppe für die Vergabe von Nutzungsrechten an selbst produzierten Inhalten stellt sich als sehr heterogen dar. Als wichtige Gruppe wurden hier große Online-Portale sowie Sportportale genannt, die mehr und mehr auf Videobeiträge setzen und diesen Bereich auch mit Inhalten füllen wollen. Weitere potentielle Abnehmer sind inländische und ausländische TV-Sender. „Wir fragen schon manchmal die Vereine, ob wir Inhalte haben können, die bei ihnen auf der Homepage gelaufen sind." Diese Aussage eines Experten aus dem TV-Bereich belegt, dass grundsätzlich durchaus Potential auf diesem Markt besteht.

7.2.1.3.2 Wertschöpfung

Eine Nutzenstiftung für Medienunternehmen kann dadurch erfolgen, dass sie exklusive Inhalte bekommen, die sie selbst nicht produzieren können oder dass der Einkauf der Inhalte billiger als eine Eigenproduktion ist. Um aber mehr Exklusivität für den eigenen Content zu schaffen, ist eine stärkere Abschottung der Mannschaft und des Vereins von den Medien nötig, was wiederum der Philosophie viele Vereine widerspricht.[194] Für viele Medienunternehmen, gerade aus dem Ausland, kann aber der Einkauf von Inhalten aus Kostengründen durchaus eine Rolle spielen. Voraussetzung hierbei ist selbstverständlich eine gute Qualität der Beiträge.

7.2.1.4 Erlösmodelle

Nachdem die Werttreiber auf den einzelnen Märkten identifiziert wurden, stellt sich nun die Frage, wie die ermittelten Werte für die Vereine in Erlöse umgesetzt werden können. „Die Liga gibt vor, dass die Spiele in einem kostenpflichtigen Angebot sein müssen und hat sogar am liebsten ein einheitliches Preisniveau." Dadurch werden die Möglichkeiten zur Ausgestaltung der Erlösmodelle bereits stark eingeschränkt. So ist nach Ansicht der meisten Experten der Rezipientenmarkt die Haupteinnahmequelle. Die Pay-TV-Angebote sind dabei stets als Abonnement erhältlich. Die Laufzeit kann zwischen einem Monat und einem Jahr variieren. Pay-per-View-Angebote hingegen

---

[193] Vgl. Kapitel 3.1.

[194] Vgl. Kapitel 7.2.1.1.2.

finden eher wenig Akzeptanz. Als Gründe hierfür werden die hohen Transaktionskosten[195], mangelnde Überschaubarkeit sowie der geringe Preis eines Monatsabonnements genannt. Für Pay-per-View bieten sich lediglich Live-Events und/oder Premium-Content an. Hier kann eine Einzelbuchung sogar förderlich sein, da dadurch die variablen Kosten des Content-Delivery-Verkehrs direkt auf den einzelnen User verteilt werden können. Zudem können bei Premium-Produkten auch zusätzliche Kunden angesprochen werden, die zu einem Abonnement vielleicht nicht bereit wären.

Die Präsenz von Werbung in einem Pay-TV-Bereich muss nach Ansicht der meisten Fachleute sehr vorsichtig gehandhabt werden. Durch eine übermäßige Konfrontation der Rezipienten mit Werbeinhalten sinkt die Werthaltigkeit des Club-TV und dadurch die Akzeptanz bzw. Zahlungsbereitschaft der Kunden. Abhilfe könnte hier möglicherweise die Konzentration auf wenige potente Werbepartner schaffen.

Unabhängig von der rechtlichen Vorgabe würden zahlreiche Experten ein kostenfreies, werbefinanziertes Erlösmodell dem überwiegend entgeltfinanzierten Erlösmodell vorziehen. Durch die dann erheblich größere Reichweite steigt der Werbewert, was wiederum höhere Werbeerlöse nach sich zieht. "Alles, was Pay-TV ist, kann nur eine bestimmte Zeit überleben, wenn es nicht wirklich exklusiv und trotzdem richtig gut ist." Diese Aussage unterstreicht, dass den Rezipienten ein sehr hoher Nutzen geliefert werden muss, um deren Zahlungsbereitschaft zu aktivieren. Bei einem kostenfreien Angebot würde sich die Werthaltigkeit bereits früher einstellen, da als Kosten lediglich die Aufmerksamkeit gegenüber den Werbeangeboten anfällt.

Vom Verkauf von Inhalten versprechen sich viele Experten zukünftig ein großes Erlöspotential. Neben der bereits erwähnten Problematik der Erstellung exklusiver Inhalte werden hauptsächlich zwei Einschränkungen genannt. Zum einen muss es von den Medien erst gelernt werden, dass sie für Videoinhalte Geld ausgeben. Vielfach ist ein solcher Ausgabeposten nicht einmal in der Budgetplanung der Unternehmen berücksichtigt. Zum anderen ist zu befürchten, dass ein übermäßiger Verkauf von Content zu einer Schwächung der Exklusivität des eigenen Angebots führt und somit weniger Erlöse auf dem Rezipientenmarkt generiert werden können.

Zusammenfassend bietet sich somit bei der derzeitigen Rechtesituation ein entgeltfinanziertes Erlösmodell an, das aber durch moderaten Verkauf von Werbung und

[195] Zwar bietet das Video-on-Demand-Portal Maxdome im Rahmen seiner Angebote Schalke-TV und Werder-TV Pay-per-View an, dort sind die Transaktionskosten jedoch geringer, da die Abbuchung von einem Guthabenkonto erfolgt.

Content gestützt werden kann. Eine weitere Möglichkeit eröffnet die Installation einer Verwertungskette: So werden die Inhalte zunächst in einem exklusiven Pay-Bereich angeboten, nach einiger Zeit und zum Teil in gekürzter Form werden die Beiträge aber auch im frei zugänglichen werbefinanzierten Bereich erhältlich. Durch Angebote im Free- und Pay-Bereich können Rezipienten mit unterschiedlichen Ebenen von Involvement und damit unterschiedlicher Zahlungsbereitschaft adressiert werden.

7.2.2 Club-TV als indirekte Erlösquelle

Alle Experten räumen dem Club-TV ein großes Potential in Bezug auf die Erlöswirkung in anderen Geschäftsbereichen ein. Allerdings wird Club-TV derzeit oft noch als ein Stand-Alone-Medium gesehen, da die Möglichkeiten noch nicht vollends ausgeschöpft werden. Als Gründe wird das noch frühe Entwicklungsstadium und die mangelnde Koordination und Kommunikation innerhalb des Vereins angeführt. „Die Vernetzung von Club-TV muss gut geplant sein.“
„Club-TV is a very cost-effective way of marketing yourself. Any other revenue streams the club has can promote within this space.” Auf sympathische Art und Weise können hier somit einer hoch interessierten Zielgruppe weitere Angebote des Vereins vorgestellt werden. Optionen bieten sich beispielsweise für die Bereiche Ticketing, Merchandising oder Mitgliedermanagement. Die enge Verbindung zur Club-Homepage dient der Förderung dort stattfindender E-Commerce-Aktivitäten. Auch innerhalb der Club-TV-Plattform bieten sich viele Möglichkeiten, Cross-Selling-Potentiale zu nutzen. Sehr förderlich kann hierbei auch die Nutzung der bei der Anmeldung erhobenen Kundendaten sein. Bei einem guten CRM-System lassen sich die Daten für Marktforschungszwecke und Direkt-Marketing-Aktionen verwenden. Zudem ist die Hemmschwelle des Kunden für die Nutzung weiterer Club-Angebote durch die bereits erfolgte Registrierung geringer.
Der Verein kann aber nicht nur andere Geschäftsbereiche bewerben, sondern auch sein Image durch Club-TV verbessern. Eine attraktive Club-TV-Plattform kann dem Club dazu dienen, sich als sympathisch, innovativ, emotional und mit Weitblick darzustellen. Eine herausragende Rolle spielt hierbei die Möglichkeit der direkten Kommunikation mit den Fans. So ist der Verein nicht auf das Wohlwollen der Medien angewiesen, sondern kann sich selbst als Meinungsmacher betätigen. Gerade in Krisenzeiten lässt sich die Club-Perspektive direkt kommunizieren. So können Dinge richtiggestellt und durch die Darstellung des eigenen Standpunktes Verständnis beim

Fan geschaffen werden. Eine Imagewirkung durch Club-TV kann auch aus umgekehrter Perspektive erfolgen. „Ein Verein wird in ein, zwei Jahren schon Probleme haben zu argumentieren, wenn er kein Club-TV hat.“ Um negative Auswirkungen zu vermeiden, sehen sich die Vereine somit fast verpflichtet, ein solches Angebot zu schaffen. „Man muss Club-TV haben, weil man sonst weniger hat als ein Zweitligist.“

Nach Aussage sämtlicher Experten ist Club-TV ein hervorragendes Mittel zur Kundenbindung. „Club-TV transportiert Nähe zu Verein und Spielern, wodurch sich die Bindung verstärkt.“ Voraussetzung dabei ist allerdings, dass bereits eine gewisse Bindung zum Verein besteht. Der erste Impuls kommt also nicht aus dem Club-TV, sondern es muss schon vorher anderweitig eine Affinität geschaffen werden. „Einen Pauli-Fan wird man nie zu einem HSV-Fan machen, nur weil man ein cooles Web-TV hat.“

Interessant ist in diesem Zusammenhang die Frage, ob gerade durch die globale Verfügbarkeit des Club-TV Neukunden im Ausland angesprochen werden können. Hier zeigt sich jedoch der Großteil der Fachleute eher skeptisch. Zunächst muss konstatiert werden, dass die Bundesliga anderen Top-Ligen, vor allem der Premier League, in Bezug auf die Auslandsvermarktung stark hinterherhinkt. „Für die internationale Verbreitung braucht man als erstes einmal Awareness.“ Basis dieser Markenbekanntheit ist zunächst sportlicher Erfolg. Somit kommen für eine erfolgreiche internationale Ausrichtung nur die großen Bundesligavereine in Frage, die auch regelmäßig an internationalen Wettbewerben teilnehmen. Die eher skeptische Einschätzung bezüglich der internationalen Bedeutung wird auch dadurch gestützt, dass nur wenige Bundesligavertreter die Marke ihres Vereins als international oder global einordnen. Bei den meisten überwiegt hier die regionale oder nationale Ausrichtung. Ein wichtiger Treiber können jedoch erfolgreiche ausländische Spieler im eigenen Verein sein. „Bei Neuverpflichtungen aus dem Ausland werden die Zugriffszahlen von dort auf der Homepage sofort viel größer.“ Durch eine Einbettung in eine Vermarktungsstrategie und entsprechende Angebote in der jeweiligen Landessprache bietet sich hier durchaus einiges Potential. Gefährlich bei dieser Ausrichtung ist jedoch, dass bei einem Vereinswechsel des betreffenden Spielers meist auch das Interesse am bisherigen Club stark zurückgeht. Insgesamt kann aber gerade bei ausländischen Club-Anhängern die Kundenbindung durch Club-TV sehr verstärkt werden, da diese oft nicht die Möglichkeit haben, sich über andere Medien ausführlich über den Verein zu informieren.

Die indirekte Erlöswirkung auf dem Werbemarkt lässt sich aus den Zusatzangeboten ohne direkte Erlöswirkung für bestehende Sponsoren ableiten.[196] Werbung im Club-TV ist dabei eines von vielen Angeboten, die in ein Gesamtpaket integriert werden und dadurch kaum direkt zurechenbar sind. Durch die Nutzung der Club-TV-Plattform für Sponsoring-Maßnahmen steigt aber selbstverständlich auch der Wert des Gesamtpakets, was sich positiv auf die Erlöse auswirken kann.

Der Rechtemarkt bietet nach Ansicht vieler Experten einiges Potential durch Kooperationen. Neben der Bewerbung des eigenen Club-TV durch Bereitstellung von Content in anderen Videoportalen oder im Fernsehen führt die verstärkte Information über den Verein und seine sympathische Darstellung zu einem Imagegewinn, der auf dem Rezipientenmarkt wie oben beschrieben genutzt werden kann.

7.2.3 Erlöspotential von Club-TV

Nachdem die potentiellen Erlösquellen für Club-TV identifiziert wurden, soll in diesem Kapitel nun der zentralen Frage nachgegangen werden, ob Club-TV wirklich als neue Erlösquelle für Fußball-Bundesligavereine betrachtet werden kann. Selbstverständlich ist dies nicht in einem Satz zu beantworten, da hierbei viele verschiedene Faktoren eine Rolle spielen. Deshalb werden zunächst die allgemeinen Einschätzungen der Experten vorgestellt und im Anschluss die von den Gesprächspartnern identifizierten Einflussfaktoren auf die Erfolgswirksamkeit von Club-TV beschrieben.

7.2.3.1 Allgemeine Einschätzungen

Insgesamt lässt sich feststellen, dass der Großteil der Fachleute darin übereinstimmt, dass Club-TV eine Erlösquelle für Bundesligavereine sein kann. Zwar ist dies mit zahlreichen Einschränkungen verbunden, und auch wenn derzeit noch die wenigsten Vereine mit ihrem Angebot Erlöse generieren können, setzen dennoch viele Experten auf die Zeitkomponente und räumen dem Club-TV durchaus Zukunftspotential ein. Tabelle 18 liefert eine Auswahl der zentralen Aussagen.

---

[196] Vgl. Kapitel 7.2.1.2.1.

„Langfristig kann Club-TV für die Bundesligavereine eine Erlösquelle sein, vor allem für die großen Vereine“
„Ich sehe Club-TV nicht als direkte Erlösquelle, aber ich glaube schon, dass die Vereine damit schwarze Zahlen schreiben können und durch diese Aktivitäten alle anderen Bereiche verbessern können“
„Club-TV als Erlösquelle: Kurzfristig nicht, mittelfristig vielleicht, langfristig ja“
„Club-TV ist eine Revenue-Quelle“
„Club-TV ist jetzt in einer Testphase, wir werden sehen wohin es sich entwickelt“
„Club-TV ist eine Erlösquelle, aber nicht in der erhofften Größenordnung“
„Die Abonnentenzahlen werden immer mehr, aber da ist noch ein großes Potential“
“Club-TV is a revenue stream - particularly for the big clubs”
„Club-TV kann mittel- bis langfristig eine Erlösquelle sein, vor allem für große Vereine“
„Club-TV kann mittelfristig eine Erlösquelle sein bei sportlichem Erfolg, einem großen internationalen Verein, mit einem gut gemachten Produkt und exklusiven Inhalten“
„Club-TV ist eine Erlösquelle bei entsprechender Masse und attraktiver Plattform“
„Club-TV ist mittelfristig keine Erlösquelle“
„Es sollte möglich sein, in drei Jahren eine schwarze Null zu schreiben“
„Club-TV ist auf lange Sicht eine Erlösquelle, wenn es nicht zu aufwändig produziert wird“
„Durch Club-TV verdient man keine Reichtümer, aber Kostendeckung ist möglich“
„Wir können mit Club-TV kein Geld verdienen“

Tabelle 18: Experteneinschätzungen zum Erlöspotential von internetbasiertem Club-TV (Quelle: Eigene Darstellung)

Als Problem stellt sich die Bemessbarkeit der indirekten Erlöse dar. So äußerten einige Interviewpartner, dass es nahezu unmöglich ist, diese in Summen auszudrücken und in die Bewertung der Rentabilität einfließen zu lassen.

7.2.3.2Einflussfaktoren

Im Rahmen der Experteninterviews wurden zahlreiche Faktoren identifiziert, die die Erfolgswirksamkeit eines Club-TV-Angebots beeinflussen können. Dabei kann zwischen endogenen und exogenen Faktoren unterschieden werden. Die endogenen Faktoren können größtenteils von den einzelnen Vereinen beeinflusst werden. Sie teilen sich auf in Faktoren, die direkt das Club-TV betreffen, und Faktoren, die sich um den Gesamtverein drehen. Die exogenen Faktoren hingegen können nur sehr bedingt von den einzelnen Clubs beeinflusst werden und bilden das Marktumfeld ab. Alle Einflussfaktoren in dieser Gruppe betrachten eine oder mehrere Komponenten der Bereiche Technologie, Recht und Ökonomie, welche bereits in Kapitel 4 beschrieben wurden. Tabelle 19 fasst dies noch einmal zusammen.

Endogene Faktoren		Exogene Faktoren
Club-TV-spezifische Faktoren	**Vereinsspezifische Faktoren**	**Technologische Faktoren** **Rechtliche Faktoren** **Ökonomische Faktoren**
Kompetenz Partner Kosten Werbung	Fanpotential Sportlicher Erfolg Vereinsgröße Akzeptanz im Verein	Rechtesituation Übertragungsqualität Substitute Nutzerakzeptanz Zahlungsbereitschaft Konvergenz

Tabelle 19: Einflussfaktoren auf das Erlöspotential eines Club-TV-Angebots (Quelle: Eigene Darstellung)

7.2.3.2.1 Endogene Faktoren

In diesem Abschnitt werden zunächst Faktoren beschrieben, die das Club-TV direkt betreffen. Anschließend wird der Fokus auf den gesamten Verein gelegt.

Club-TV-spezifische Faktoren:

Kompetenz:

Mit einem Club-TV-Angebot werden Vereine in einem völlig neuen Bereich tätig. Daher ist in nur wenigen Clubs bereits das nötige Know how vorhanden. Alle anderen müssen sich zuerst Kompetenzen aneignen, neues Personal einstellen oder auf die Hilfe von Partnern vertrauen. Je reibungsloser dieser Prozess erfolgt, desto höher ist die Wahrscheinlichkeit eines erfolgreichen Angebots. Es bleibt aber festzuhalten, dass selbst Vereinsmitarbeiter mit entsprechenden Vorkenntnissen kaum auf Erfahrungswerte aus dem Bereich Club-TV zurückgreifen können, da die Angebote noch relativ neu sind. Die Erfahrungen anderer Vereine sind zudem aufgrund des speziellen Charakters und der speziellen Fan-Klientel der einzelnen Clubs nicht ohne weiteres übertragbar.

Partner:

Bei vielen Club-TV-Angeboten sind mehrere Partner involviert. Schon zur Konzeption ziehen zahlreiche Vereine externe Unterstützung hinzu, aber auch danach werden die Produktion der Spielbilder sowie die Distribution meist von Partnern übernommen. Hintergrund hierbei ist einerseits die teilweise mangelnde Kompetenz innerhalb der Clubs, andererseits aber auch die Tatsache, dass spezialisierte Dienstleister für gewöhnlich aufgrund von Spezialisierungseffekten und Synergiepotentialen qualitativ hochwertiger und kostengünstiger arbeiten können als die Vereine selbst. Gerade aber für finanzschwächere Clubs ist der wichtigste Punkt eine Vor- bzw. Zwischenfinanzierung der entstehenden Kosten. Erst dadurch sind viele Bundesligisten in der Lage, Club-TV anzubieten. Für die Unternehmen ergibt sich dadurch meist eine Erlösbeteiligung. Außerdem kann das Engagement im Club-TV auch zu Werbemaßnahmen genutzt werden, wie es beispielsweise die Deutsche Telekom betreibt.

Einen Sonderfall stellt die Kooperation zwischen der Online-Videothek Maxdome und den Bundesligisten Schalke 04 und Werder Bremen dar. Hier wurde das Club-TV in das Gesamtangebot von Maxdome integriert.[197] Vorteile bieten sich dabei für die Vereine durch einen kompetenten Partner und einen erweiterten Kundenkreis. Nachteilig wirkt sich allerdings aus, dass gerade indirekte Erlöspotentiale hierdurch weniger genutzt werden können.

Für die Vereine gilt es also insgesamt, die richtige Mischung zwischen Eigenproduktion und Fremdvergabe zu finden, um dadurch eine optimale Erlöswirkung zu erhalten. Wichtig ist jedoch bei allen Kooperationsformen, dass die inhaltliche Verantwortlichkeit bei den Vereinen liegen muss.

Kosten:

Ein wichtiger Faktor für ein erfolgreiches Club-TV ist selbstverständlich auch die Ausgaben-Seite. Dabei müssen einmalige Kosten für die Einrichtung des Angebots und die dazugehörige Technik veranschlagt werden. Danach sind die hauptsächlichen Kostentreiber die Produktion der Inhalte, der Einkauf der Spielbilder sowie die Personalkosten. Die Streaming-Kosten sind variable Kosten und hängen von der Anzahl der User ab, wodurch sie relativ risikoavers sind. Für die Vereine ist es ein schmaler Grat, ein hochwertiges Programm anzubieten, das aber dennoch nicht zu kosteninten-

[197] Die DFL schreibt vor, dass ein Anbieter nur bis zu zwei On-Demand-Angebote von Bundesligavereinen akkumulieren darf.

siv ist. Gerade in diesem Bereich spielt die Entscheidung zwischen Eigenproduktion und Fremdvergabe sowie die Wahl der richtigen Partner eine entscheidende Rolle. Zahlreiche Clubs streben außerdem eine Zusammenarbeit mit Videoportalen an. Durch einen eigenen Channel bei YouTube oder anderen vergleichbaren Portalen können neue Kundensegmente angesprochen werden, um sie dadurch auf die Homepage bzw. den Pay-Bereich zu locken. Darüber hinaus haben die Clubs meist auch die Chance, illegale Bildbeiträge von den betreffenden Portalen zu löschen, um die Exklusivität des eigenen Bereichs zu wahren.[198] Zuletzt bietet sich durch eine derartige Kooperation auch noch der Zugriff auf User generated Content, der in aufbereiteter Form auch wieder im eigenen Club-TV verwendet werden kann.

Werbung:

Für die Bewerbung des Club-TV-Angebotes bieten sich hervorragend die weiteren vereinsinternen Medien wie Stadion-TV, Club-Magazin oder Homepage an, da die Kommunikationsmaßnahmen dort kostengünstig und zielgruppennah verbreitet werden können. Freie Inhalte auf der Homepage lassen sich zudem als Lockangebote für den Pay-Bereich verwenden. Sehr förderlich sind Verlinkungen des Club-TV mit Sponsorenseiten oder anderen Websites. Eine besondere Rolle spielen hier Sport- oder Online-Portale. Eine Kooperation führt dabei im Normalfall zu einer win-win-Situation, in der die entsprechenden Portale durch zusätzliche Inhalte ihre Seite aufwerten können, wenn sie gleichzeitig auf die Quelle und das entsprechende Pay-Angebot des Vereins verweisen. Zwar ohne Link aber mit Quellenverweis ist ein Contentaustausch auch im Fernsehen möglich. Auf die Werbepotentiale durch Videoportale wurde bereits oben hingewiesen.

Ein Marketing-Effekt kann sich außerdem durch Bundling einstellen. Dabei bieten sich sowohl Paketangebote mit Sponsorenprodukten als auch mit anderen Produkten des Vereins an. Gerade für Sponsoren, die der Internet-Branche nahe stehen, kann es durchaus interessant sein, beispielsweise einen DSL-Vertrag in Verbindung mit einem Club-TV-Abonnement anzubieten. Auch innerhalb des Vereins können Bündel mit den Bereichen Mitgliedermanagement, Merchandising oder Ticketing in Erwägung gezogen werden. Allerdings wird Bundling von einigen Experten als sehr sensibel eingestuft und sollte nicht zur Regel werden, da dadurch die Werthaltigkeit der Einzelprodukte sinken kann. Auch der Organisationsaufwand für die Mitarbeiter so-

---

198 Vgl. dazu auch Kapitel 4.2.2.1.

wie die Übersichtlichkeit für die Kunden sollten dabei in einem erträglichen Rahmen bleiben.

Vereinsspezifische Faktoren:

Fanpotential:

Als entscheidenden Faktor, sogar als „conditio sine qua non“ wurde das Fanpotential des jeweiligen Vereins eingeordnet. „Für Club-TV benötigt man einen großen Abnehmerkreis, um die Kosten zu kompensieren.“ Damit ist Club-TV natürlich besonders interessant für Vereine mit weltweiter Fanbasis, während kleinere Clubs daran scheitern können. So sieht ein Mitarbeiter eines kleineren Bundesligavereins in Club-TV „keine neue Erlösquelle wegen hohen Kosten und geringem Fanpotential“.

Sportlicher Erfolg:

Als sehr wichtig wird auch der sportliche Erfolg des jeweiligen Vereins eingestuft. So steigen bei erfolgreichen Leistungen der Mannschaft das Interesse an Produkten des Vereins sowie die Zahlungsbereitschaft dafür. Auch die Erweiterung der Fanbasis und somit die Generierung potentieller Neukunden ist vorrangig über sportlichen Erfolg möglich. Die Erfolgsabhängigkeit zeigt sich auch darin, dass die Abrufzahlen der einzelnen Spiele in Abhängigkeit von Sieg oder Niederlage sehr stark variieren.

Vereinsgröße:

„Man muss stark differenzieren, welche Möglichkeiten jeder Verein hat.“ Der Faktor Vereinsgröße hängt sehr eng mit den oben genannten Faktoren „Fanpotential“ und „sportlicher Erfolg“ zusammen. In diesen Bereich fällt aber auch, dass größere Vereine in der Regel stärker in die Produktion von Inhalten sowie in die Personalquantität und -qualität in diesem Bereich investieren können, wodurch das Produkt werthaltiger wird. Außerdem ist die Notwendigkeit sofortiger Erlöswirkung durch eine breitere Finanzausstattung der großen Clubs weniger dringend gegeben, was eine langfristigere Planung ermöglicht.

Akzeptanz im Verein:

Nach Ansicht zahlreicher Experten fehlt vielen Vereinsverantwortlichen im Augenblick noch das Verständnis für die Potentiale, die Club-TV bietet. Dadurch hat der Bereich Club-TV einen schweren Stand, da er sich derzeit in den wenigsten Clubs selbst tragen kann und somit auf die Investitionsbereitschaft im jeweiligen Verein angewiesen ist. So kann es durchaus einmal sinnvoll sein, auf Geld durch eine TV-Übertragung zu verzichten und stattdessen in die eigene Produktion der Spielbilder zu investieren, um diese live im Club-TV zu zeigen. Auch für die Ausschöpfung indirekter Erlöspotentiale ist die entsprechende Akzeptanz des Mediums innerhalb des Vereins von essentieller Bedeutung. Nur durch eine gute Kooperation zwischen den einzelnen Abteilungen und durch eine Integration des Club-TV in die Aktivitäten der anderen Abteilungen können hier Zusatzerlöse generiert werden.

7.2.3.2.2 Exogene Faktoren

Rechtesituation:

„Das Erlöspotential hängt immer davon ab, welche Rechte ich habe." Die Möglichkeit der Eigenvermarktung gewisser Inhalte ist einer der entscheidenden Faktoren, die viele Vereine zu einem Club-TV-Angebot bewegt haben und die den Erfolg des Angebots bestimmen. Somit wird die zukünftige Rechtevergabe entscheidenden Einfluss auf das Club-TV haben. Sollten die Clubs keine Bundesligabilder mehr zeigen dürfen, verliert das Club-TV einen wichtigen Treiber. Werden aber zusätzliche Rechte in die Hände der Vereine gelegt, kann dies zu einer starken Aufwertung des Club-TV führen. Trotz dieser Tatsache halten fast alle Experten die Zentralvermarktung für ein gutes und wichtiges Modell, um die Attraktivität der Liga beizubehalten. Auch wenn die Eigenvermarktung aufgrund kartellrechtlicher Entscheidungen gestärkt werden sollte, sehen nur wenige Interviewpartner hierin großes Potential für Club-TV, da die Erlöse über den Rechteverkauf an andere Medien hierdurch nicht erreicht werden können.

Entscheidend ist jedoch in diesem Bereich nicht nur die Rechtevergabe, sondern auch die Frage, wie die Problematik der Rechtepiraterie eingedämmt werden kann. „Jeder, der sich ein bisschen auskennt, kann die Spiele auch kostenfrei im Internet anschauen, auch wenn es illegal ist." Durch Peer-to-peer-Übertragungen oder rechtswidrige Inhalte auf Videoportalen sinkt natürlich die Werthaltigkeit des eigenen Produkts stark. Nachdem zahlreiche Klagen gegen Videoportale wie YouTube nahezu erfolglos blieben, nutzen viele Vereine jetzt die Möglichkeit, über Kooperationen mit den Portalen rechtswidrige Inhalte selbst löschen zu können, um die Verbreitung zumindest einzuschränken.

Übertragungsqualität:

„Die technischen Voraussetzungen [für Club-TV] sind wesentlich günstiger als noch vor ein paar Jahren" Was bereits in Kapitel 4.1 erläutert wurde, verdeutlichten auch noch einmal viele Interviewpartner. Gerade die Übertragungskapazitäten haben sich in den letzten Jahren rasant weiterentwickelt, wodurch die Verbreitung von Bewegtbildern in der derzeitigen Qualität erst möglich wurde. Trotzdem ist die Netzinfrastruktur in Deutschland und weltweit nach wie vor ausbaufähig. Deshalb kann für den Erfolg eines Club-TV-Angebots durchaus relevant sein, wie schnell und in welcher Anzahl die anvisierten Zielgruppen die für qualitativ hochwertige Videos notwendigen großen Datenmengen empfangen können. Möglicherweise wird auch noch eine Alternative zum Streaming-Verfahren gefunden, da es vor allem bei Live-Events mit vielen zeitgleichen Zugriffen zu Kapazitätsengpässen kommen kann.

Substitute:

„In Deutschland ist das Produkt Fußball noch sehr gut im Free-TV zu empfangen, dazu kommt ein relativ preiswertes Pay-TV." Neben der Substitutionsgefahr durch Fernsehinhalte erwächst auch in der steigenden Anzahl von Videocontent im Online-Bereich zusätzliche Konkurrenz. Allerdings bieten sich dem Club-TV Alleinstellungsmerkmale, da es sich direkt dem Fan des jeweiligen Vereins zuwenden kann, während andere Formate meist an Fußballfans allgemein adressiert sind.

Auch sämtliche illegalen Videoinhalte über den Verein stellen selbstverständlich eine große Gefahr dar. Hier ist es eine „Herausforderung für die Vereine, in ihrem Portal durch eigene Inhalte und bessere Qualität eine bessere Alternative zu YouTube zu bieten".

Nutzerakzeptanz:

Die Bekanntheit und das Verständnis von Club-TV werden sich in den nächsten Jahren noch verbessern. Dies resultiert aus einer steigenden Zahl von Online-Nutzern und einer wachsenden Beliebtheit von Videocontent. Auch Internet-Flatrates tragen dazu einen Teil bei, da dadurch der Zugang zu den Inhalten kostengünstig ist.

Zahlungsbereitschaft:

In Bezug auf die zukünftige Zahlungsbereitschaft der Rezipienten für Sportinhalte waren sich die Experten sehr uneinig. Als Grund für eine ansteigende Zahlungsbereitschaft wurde vor allem die bereits erwähnte steigende Nutzerakzeptanz erwähnt. Voraussetzungen sind dabei vor allem die Attribute Exklusivität, Qualität und Premium Content. Dagegen spricht für eine sinkende Zahlungsbereitschaft die große Anzahl an Substituten, die auch oft auf legalem oder illegalem Weg kostenfrei erhältlich sind.

Club-TV hat gegenüber anderen Anbietern jedoch den großen Vorteil, dass die Identifikation mit dem Verein und dadurch auch mit dem Produkt in der Regel hoch ist, was sich auch auf eine erhöhte Zahlungsbereitschaft auswirkt.

Konvergenz:

Durch das Zusammenwachsen der einzelnen Medien bieten sich für Club-TV neue Möglichkeiten. „In Zukunft wird die Verbreitung mehr über den eigenen Fernseher direkt vor der Couch gehen." Während bisher Fernsehproduktionen von allen Experten als viel zu teuer und nur für ein Massenpublikum geeignet eingeschätzt wurden, bietet sich durch Konvergenz die Chance, auch das Endgerät Fernseher für Club-TV zu nutzen. „IPTV combines the best of both: Interactivity through IP networks and superb video quality from a managed network to their living room TV." Dies ist für viele Rezipienten von großem Wert, da die Vorzüge des Internets aufgrund der Rückkanalfähigkeit gewahrt werden, der Konsum der Bewegtbilder auf dem Sofa vor dem Fernseher jedoch im Normalfall angenehmer ist als vor einem kleineren Computerbildschirm am Schreibtisch. Für das Endgerät PC werden deshalb eher kürzere Beiträge präferiert, auf dem Fernsehbildschirm ist dagegen auch ein ganzes Spiel sehr attraktiv. Allerdings sind bei derartigen Angeboten in Zukunft die Vereine noch stärker gefordert, hochwertige technische Qualität zu liefern, da die Akzeptanz gegenüber qualitativ minderwertigen Videos auf dem Fernseher geringer ist.

Potential bietet für die meisten Experten auch das Handy als mobiles Endgerät für Club-TV. Voraussetzung dabei ist aber eine stärkere Verbreitung dafür geeigneter Handys sowie niedrigere Kosten für den Zugang. Zudem stellt sich die Frage, ob zeitversetzte Inhalte für mobile Nutzer wirklich werthaltig sind, oder ob der Schwerpunkt für mobilen Content auf Live-Inhalten liegt.

8 Diskussion

Internetbasiertes Club-TV – eine neue Erlösquelle für Fußball-Bundesligavereine? In diesem Kapitel soll nun versucht werden, die Erkenntnisse aus den beiden empirischen Teilen sowie die Ausführungen aus den vorangehenden Kapiteln zu bündeln, um eine Antwort auf die Eingangsfrage zu finden.

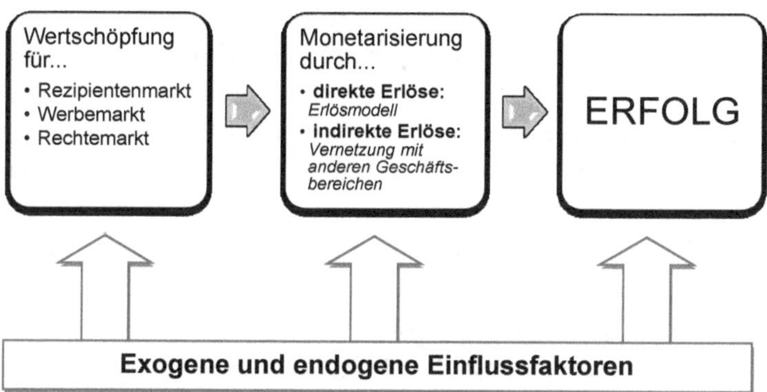

Abbildung 16: Erfolgsmodell Club-TV (eigene Darstellung)

Zunächst wird dabei noch einmal die Werthaltigkeit des Produkts betrachtet, anschließend das passende Erlösmodell gesucht, ehe schließlich eine Analyse des Erfolgspotentials für Bundesligavereine folgt. Stets begleitet wird dieser Prozess von Einflussfaktoren, die in den vorangegangenen Kapiteln schon beschrieben wurden (Vgl. Abbildung 16).

8.1 Wertschöpfung

In Kapitel 7.2. konnte der Rezipientenmarkt als Hauptziel eines Club-TV-Angebotes identifiziert werden. Dabei wurden zahlreiche Faktoren vorgestellt, die das Produkt für den Nutzer werthaltig machen. Trotzdem bleibt bei allen Club-TV-Angeboten ein entscheidender Makel: „Im Club-TV gibt es vielleicht exklusive Inhalte, aber den wirklichen Killer-Content finde ich nicht." Grimshaw drückt dies besonders prägnant aus: “A football TV channel with no live action is akin to a pub that only sells non-alcoholic drinks.”[199]

Trotzdem belegen sowohl die Ergebnisse der Experteninterviews als auch die Studie von Theyson[200], dass für bestimmte Zielgruppen Werte geschaffen werden können, die zu einer Zahlungsbereitschaft bei den Rezipienten führen. Neben den Spielberichten fällt hierbei besonders der Gestaltung der zusätzlichen Inhalte eine entscheidende Rolle zu, denn gerade dadurch kann Exklusivität und eine Abgrenzung von Alternativprodukten geschaffen werden. Ein Blick nach England mit ihren vielfach sehr umfangreichen Angeboten zeigt, dass grundsätzlich entgeltfinanzierte Club-TV-Angebote funktionieren können, wenn den Nutzern ein entsprechender Mehrwert geboten wird.

Die Potentiale auf dem Werbemarkt wurden bereits mehrfach erwähnt. Zwar konnte sowohl durch die Betrachtung der Club-TV-Angebote in den europäischen Ligen als auch in den Experteninterviews festgestellt werden, dass in der Praxis bislang noch wenige Erlöse aus diesem Marktbereich generiert werden, allerdings deuten viele Indikatoren darauf hin, dass sich dies zukünftig ändern wird.[201]

Der Rechtemarkt stellt sich als sehr sensibler Markt dar. Noch muss er als eher unbedeutend eingeschätzt werden, doch durch die ständig steigende Nachfrage nach Videocontent bieten sich Chancen, die durch eine sanfte Veränderung der Medienpolitik der Vereine noch verstärkt werden können. Um die guten Beziehungen zu den Medien nicht zu zerstören, ist eine völlige Abschottung sicherlich nicht wünschenswert, in einigen Bereichen sind jedoch durchaus Möglichkeiten vorhanden, Exklusivität zu schaffen und diese langsam auszubauen. Allerdings fordert dies ein umfassendes Konzept und kann nicht von heute auf morgen realisiert werden.

8.2 Erlösmodell

“These are the business models in the new digital world: partnerships with user generated sites; advertiser or sponsorship funded revenue models; and subscription revenue from high-quality added value content.”[202] Neben der Tatsache, dass die Kontrolle rechtswidriger Inhalte auf Videoplattformen wie YouTube für die Inhalteanbieter immer wichtiger wird, zeigt diese Aussage von Glendinning auch, dass der Großteil

---

199 Grimshaw, (2005), S. 15.
200 Theyson (2006), S. 30.
201 Vgl. auch Kapitel 5.3.1.2.
202 Glendinning (2007).

der Sportangebote im Internet wohl zukünftig werbefinanziert sein wird. Lediglich besonders werthaltige Produkte können auch entgeltfinanziert funktionieren. Aufgrund der vorangegangenen Ausführungen muss jedoch durchaus in Frage gestellt werden, ob diese besondere Werthaltigkeit bei allen Club-TV-Angeboten vorliegt. Immer wieder scheiterten Geschäftsmodelle, die ihre Erlöse über Pay-TV generieren wollten, an der mangelnden Zahlungsbereitschaft der Konsumenten[203], wie auch folgendes Zitat von Formel 1-Chef Bernie Ecclestone belegt: „I still don't understand why people won't pay... It's not just the UK, it's worldwide. I sat down with Rupert Murdoch a few years ago and we thought all major sports would be PPV eventually. It just hasn't worked. It baffles me."[204] Auch wenn sich die Frage eines werbefinanzierten Erlösmodells für Bundesligavereine aufgrund der momentanen Regelungen nicht stellt, sollten diese Aspekte im Hinterkopf behalten werden und auch bei der Preisgestaltung entsprechend berücksichtigt werden. Dass diese Thematik jedoch ein heikles Thema ist, das an dieser Stelle leider nicht geklärt werden kann, zeigen auch die Expertenaussagen, die zu äußerst heterogenen Ergebnissen auf die Frage nach dem richtigen Erlösmodell und nach der Zahlungsbereitschaft für Sportinhalte führten.

8.3 Indirekte Erlöse

Bei Betrachtung der europäischen Ligen zeigte sich, dass in der französischen, spanischen und italienischen Liga vorrangig kostenfreie Videos angeboten werden, die jedoch auch kaum werbefinanziert sind. Nachdem also wenige Möglichkeiten zur Refinanzierung der entstehenden Kosten über direkte Erlöse bestehen, kann die Begründung für die Einführung und Aufrechterhaltung eines solchen Angebots nur in der Hoffnung auf die Generierung von indirekten Erlösen liegen. Dass hier zahlreiche Möglichkeiten für Cross-Selling, Kundenbindung, Markenpflege und anderes bestehen, verdeutlichten auch ganz klar die befragten Experten. Von den Experten teilweise erwähnt und auch bei der Hinführung schon angeschnitten wurde ein Aspekt, der bei der Analyse der Aktivitäten der französischen Clubs deutlich wird. Viele Vereine bieten dort umfangreiche kostenfreie Inhalte und verlangen dafür lediglich eine Registrierung. Somit stellt für sie die Gewinnung von Kundendaten eine wichtige Kom-

---

[203] So z.B. die Pleitenwelle europäischer Pay-TV-Sender in den ersten Jahren des neuen Jahrtausends, vgl. exemplarisch Boyle/Haynes, S. 99ff.

[204] Fry (2003).

ponente dar, die beispielsweise für Kundenpflege, Bewerbung eigener Produkte oder auch für die Vernetzung mit Sponsorenaktivitäten genutzt werden kann.
„Die indirekte Komponente der Erlöse ist zumindest zur Zeit die noch bedeutendere.“ Auch wenn die Bemessung indirekter Erlöse fast unmöglich ist, soll diese Aussage eines Vereinsvertreters die Bedeutung indirekter Erlöse für die Bundesligavereine belegen.

8.4 Erfolgspotential

Die Beurteilung, ob Club-TV für Fußball-Bundesligavereine eine neue Erlösquelle darstellt, ist mit einigen Schwierigkeiten verbunden. Zunächst stellt sich das Problem der Zurechenbarkeit. Wenn in die Betrachtung nur direkte Erlöse über die genannten Märkte einfließen, ist zwar eine Berechnung möglich, allerdings werden dadurch wichtige Faktoren nicht berücksichtigt, weshalb das Ergebnis nur unzureichend der Realität entspricht. Leider lassen sich aber indirekte Erlöse kaum quantifizieren und noch weniger einzelnen Geschäftsbereichen zuordnen.
Rein auf die direkten Erlöse bezogen, lässt sich feststellen, dass im Moment kaum ein Club-TV-Angebot in Deutschland profitabel ist. Allerdings sehen nahezu alle Experten mittel- bis langfristig ein Erlöspotential in Club-TV-Angeboten. Gründe hierfür könnten in einer positiven Veränderung der im vorigen Kapitel angeführten Einflussfaktoren liegen, die sowohl das Club-TV selbst, den Verein oder auch das Marktumfeld betreffen. Deshalb sollen jene an dieser Stelle noch einmal herausgegriffen werden.

Endogene Faktoren		Exogene Faktoren
Club-TV-spezifische Faktoren	Vereinsspezifische Faktoren	Technologische Faktoren Rechtliche Faktoren Ökonomische Faktoren
Kompetenz ↑ Partner ↔ Kosten ↔ Werbung ↔	Fanpotential ↔ Sportlicher Erfolg ↔ Vereinsgröße ↔ Akzeptanz im Verein ↑	Rechtesituation ? Übertragungsqualität ↑ Substitute ? Nutzerakzeptanz ↑ Zahlungsbereitschaft ? Konvergenz ↑

Tabelle 20: zukünftige Entwicklung der Einflussfaktoren für Club-TV (eigene Darstellung)

Bei genauerer Betrachtung (vgl. Tabelle 20) wird deutlich, dass sich einige Einflussfaktoren mit hoher Wahrscheinlichkeit positiv entwickeln werden (↑), während bei anderen die Entwicklung noch nicht absehbar ist (?). Wieder andere Faktoren sind relativ unabhängig von der zeitlichen Komponente (↔).

Bei den exogenen Faktoren haben sowohl die Ausführungen in Kapitel 4 als auch die Statements der Experten gezeigt, dass auf technologischer und ökonomischer Basis noch enormes Entwicklungspotential vorhanden ist. Durch eine verbesserte Übertragungsqualität und das fortschreitende Zusammenwachsen von Internet und Fernsehen erhöht sich der Wert für die Rezipienten. Immer mehr Haushalte werden über die nötige Breitbandinfrastruktur verfügen, wodurch sich auch die Zielgruppe vergrößert. Die Akzeptanz für Club-TV auf allen drei Märkten wird mit hoher Wahrscheinlichkeit steigen.

Noch nicht absehbar ist die Entwicklung auf rechtlicher Basis. Diese bildet einen entscheidenden Einflussfaktor, kann hier jedoch nicht geklärt werden. Ebenso unsicher ist die zukünftige Rolle von Substituten. Diese hängt sowohl von der nächsten Rechtevergabe als auch von der weiteren Verbreitung illegaler Inhalte ab. Über die Entwicklung der Zahlungsbereitschaft der Rezipienten kann ebenfalls kein eindeutiges Urteil gefällt werden.

Während bei den vereinsspezifischen Faktoren Fanpotential, sportlicher Erfolg sowie Vereinsgröße relativ stabile bzw. in diesem Zusammenhang kaum beeinflussbare Faktoren darstellen, ist es durchaus wahrscheinlich, dass im Laufe der Zeit die Akzeptanz für Club-TV im eigenen Verein steigt, was auch von vielen Experten bestätigt wurde. Dadurch kann eine Erlössteigerung über indirekte Erlöse herbeigeführt werden, da andere Abteilungen stärker das Medium Club-TV für ihre Aktivitäten nutzen.

Auf Club-TV-Ebene kann Kompetenz als entscheidende Komponente gesehen werden. Durch das bestehende Angebot können wertvolle Erfahrungen gesammelt werden, die sich in Zukunft positiv auf die Qualität des Produkts auswirken. Die weiteren Faktoren Partner, Kosten und Werbung sind eher zeitlich unabhängig.

Diese Ausführungen zeigen, dass die positiven Einschätzungen der Experten nicht unbegründet sind, da sich zum einen die Zielgruppe an sich vergrößern wird und zum anderen aufgrund der Wertsteigerung des Produkts die vorhandene Zielgruppe das Angebot stärker nutzen wird. Zudem besteht noch erhebliches Potential im Werbe- und Rechtemarkt sowie in den indirekten Erlösen.

8.5 Implikationen für die Fußball-Bundesliga

Abschließend stellt sich nun die Frage, welche Folgerungen daraus für die Fußball-Bundesligisten gezogen werden können. Grundsätzlich lässt sich feststellen, dass die exogenen Faktoren für alle Vereine nahezu gleich sind. Auch die Club-TV-spezifischen Einflussfaktoren zeigen keine großen Differenzen zwischen den Clubs. Hauptunterschied liegt jedoch in den vereinsspezifischen Faktoren: Vereinsgröße, Fanpotential und sportlicher Erfolg. Wie bereits erwähnt, bestehen dabei große Interdependenzen zwischen den drei Kriterien.

Empfehlenswert ist Club-TV für alle Vereine, jedoch müssen die Voraussetzungen der einzelnen Clubs unbedingt berücksichtigt werden. Für kleinere Vereine mit geringerem Finanzvolumen, kleinerer Fanbasis und durchwachsenem sportlichen Erfolg bietet es sich an, auf kompetente Partner zu vertrauen, die auch mit am Risiko beteiligt sind. Gerade die Experten kleinerer Clubs bestätigten, dass ohne die finanzielle und technische Hilfe eines Partners ein Club-TV-Angebot für sie nicht realisierbar gewesen wäre. Trotzdem ist davon auszugehen, dass auch kleinere Bundesligavereine durch ein gutes Angebot eine Kundenzahl ansprechen können, um mit dem Club-TV zumindest keine direkten Verluste zu machen. Erlöse können dann vorrangig auf indirektem Wege generiert werden. Hier besteht aber bei vielen Angeboten noch Nachholbedarf. Während in zahlreichen Fällen von einer Wertschöpfungskonfiguration ausgegangen werden muss, die sich stark an der Wertkette orientiert, bietet nur die Konfiguration eines Wertnetzes eine optimale Ausschöpfung direkter und indirekter Erlöspotentiale.[205] Das Wertnetz sollte dabei sowohl die verschiedenen Märkte miteinander verbinden als auch innerhalb des Vereins die anderen Geschäftsbereiche integrieren. Dadurch kann das Club-TV als Intermediär tätig werden und große Teile zur Wertschöpfung beitragen. Zur Verstärkung des Netzwerkgedankens ist auch eine stärkere Vernetzung der einzelnen Rezipienten untereinander und mit dem Verein denkbar, beispielsweise durch User generated Content oder virtuelle Sportangebote.

Für große Vereine mit guter Finanzausstattung, großer Fanbasis und sportlichen Erfolgen ist Club-TV ein absolutes Pflichtangebot. Hier sollte versucht werden, der relativ großen Zielgruppe durch Investitionen in Qualität und Inhalte einen hohen Nutzen zu liefern. Während bei kleineren Vereinen kostenintensive Inhalte gut bedacht sein müssen, sollten beispielsweise Live-Spiele bei Großclubs in jedem Fall enthalten sein. Auch die internationale Komponente sollte hier keinesfalls außer Acht gelassen werden. Wenn sich Vereine als internationale oder globale Marke verstehen, muss diese auch gepflegt werden. Da im Normalfall zahlreiche Nationalspieler anderer Länder in den jeweiligen Vereinen unter Vertrag stehen, die in Verbindung mit der Teilnahme an internationalen Wettbewerben für großes Interesse auch im Ausland sorgen, können hier entsprechende internationale Angebote – eingebettet in eine Gesamtstrategie – durchaus erfolgsversprechend sein. Auch auf dem Rechtemarkt ergeben sich dadurch über den Verkauf von Inhalten zahlreiche Möglichkeiten Erlöse zu generieren.

Wie die Ausführungen in Kapitel 3 zeigen, ist für Großclubs auch der Aufbau eines eigenen Fernsehsenders nicht uninteressant. Gerade durch die Entwicklung im IPTV-Bereich bieten sich interessante Möglichkeiten.

Die Beispiele aus anderen Ligen zeigen zudem, dass für Pay-TV-Plattformen Club-TV eine wichtige Rolle zur Gewinnung neuer Kunden spielen kann.[206]

Selbstverständlich lassen sich diese Überlegungen nicht generalisiert auf die Bundesligavereine übertragen, sie können jedoch bei der Konzipierung eines Club-TV-Angebots die Entscheidungsfindung unterstützen.

---

[205] Vgl. dazu Kapitel 5.1.3.

[206] Vgl. Kapitel 6. Zwar ist dies in England besonders entscheidend aufgrund der zwei konkurrierenden Plattformen Sky und Setanta, aber auch in Deutschland entsteht Premiere durch die Angebote von z.B. Telekom und Kabel Deutschland mehr und mehr Konkurrenz. Für Sky Italia sind die Club-Channels auch ohne großen Konkurrenten ein wichtiger Treiber.

9 Ausblick

„Sind Vereine Medienunternehmen?“ Diese Frage führte bei den Experten zu höchst unterschiedlichen Reaktionen. "Es ist nicht nur wichtig, dass man Tore macht, sondern auch, wie man sie verkauft." Selbstverständlich ist die Kernkompetenz eines Fußballclubs immer der sportliche Bereich. Trotzdem bleibt festzuhalten, dass Vereine auf vielen verschiedenen Kanälen als Content-Produzent auftreten, was durch Club-TV noch um die audiovisuelle Ebene erweitert wird. Aus diesem Grund sehen viele Experten Vereine als Medienunternehmen oder zumindest auf dem Weg dorthin. Als Gegenargumente werden jedoch angeführt, dass alle Medienaktivitäten lediglich zur Stärkung des Hauptprodukts dienen sollen und deshalb auch keine freie und objektive Berichterstattung möglich ist. Hier stellt sich die Grundsatzfrage, inwieweit eine zunehmende vertikale Integration durch Aktivitäten auf dem Medienmarkt für die Clubs überhaupt erstrebenswert ist. Daran schließt sich auch die Überlegung an, ob Vereine eher als Partner der Medien oder als Konkurrenz zu den Medien gesehen werden müssen. Auch die Frage, ob der zur Verfügung stehende Content vorrangig in Eigenregie produziert und distribuiert werden sollte, oder ob kompetente Partner dafür besser geeignet sind, kann hier nicht geklärt werden. Alle diese Fragen bieten somit einen interessanten Ansatz für weitergehende Forschungsaktivitäten.

Club-TV kann auch als Ausgangspunkt für eine vertikale Integration von der anderen Richtung sein: Wie attraktiv ist es für Medienunternehmen, Kooperationen mit Clubs einzugehen oder sie vielleicht sogar zu übernehmen[207], um Zugriff auf interessante Inhalte zu bekommen? Zwar sehen die Experten die vollständige Übernahme eines Vereins unter Rendite-Gesichtspunkten eher negativ, die Kontrolle über die Inhalte-Produktion scheint jedoch eine durchaus diskussionswürdige Thematik zu sein.

Somit kann die weitere Entwicklung von Club-TV-Angeboten in Verbindung mit den sich wandelnden Rahmenbedingungen auf technologischer, rechtlicher und ökonomischer Ebene zu weitreichenden Veränderungen im Sport- und Medienbereich beitragen. Gerade aufgrund der dynamischen Entwicklung der genannten Rahmenbedingungen bestehen noch viele Ansätze für weitere Forschungsfragen.

---

[207] Aktuell ist dies in Deutschland aufgrund der 50+1-Regelung nicht möglich. Allerdings gibt es Bestrebungen einiger Vereine, diese Bestimmung aufzuheben, um den Einstieg von Investoren zu erleichtern.

Diese Arbeit sollte einen Überblick über das Erlöspotential für Club-TV-Angebote in der Fußball-Bundesliga geben. Durch qualitative Methoden wurde ermittelt, dass Club-TV durchaus eine zukünftige Erlösquelle sein kann. Dies kann als Ausgangspunkt dienen, um durch den Einsatz von quantitativen Messverfahren in weitergehenden Forschungsaktivitäten diese Resultate zu bestätigen und weiter zu vertiefen.

Literaturverzeichnis

Amit, R./Zott, C. (2001): Value creation in e-business, in: Strategic Management Journal, Vol. 22, Iss. 6/7, S. 493-520.

Atteslander, P. (1995): Methoden der empirischen Sozialforschung, 8. Auflage, Berlin.

Becher, M. (2007): Entwicklung eines Kennzahlensystems zur Vermarktung touristischer Destinationen. Wiesbaden.

Beer, T. (2007): 360 Degrees Of Separation?, in: Sport & Technology, August 2007, http://www.sportandtechnology.com/features/0517.html, (Zugriff am 04.03.2008).

BITKOM (2008): Rekord: Fast eine Milliarde Euro für Online-Werbung. Pressemeldung des Bundesverband Informationswirtschaft, Telekommunikation und neue Medien vom 07.01.2008, http://www.bitkom.org/de/presse/8477_49823.aspx, (Zugriff am 25.02.2008).

Boyle, R./Haynes, R. (2004): Football in the New Media Age, London.

Breunig, C. (2007): IPTV und Web-TV im digitalen Fernsehmarkt, in: Media Perspektiven, 10/2002, S. 478-491.

Bundesnetzagentur (2006): Jahresbericht 2006. Bonn.

Burmaster, A. (2006): Getting On Target In The Changing New Media Landscape, in: Sportbusiness International, October 2006, http://www.sbrnet.com/Publication.asp?function=detail&magid=159463, (Zugriff am 20.03.2008).

Chadwick, S. (2006): Soccer marketing and the irrational consumption of sport, in: International Journal of Sports Marketing & Sponsorship, May 2006, p. 153.

Crawford, A. (1997): Tackling the team channels, in: Marketing, London, 09/10/1997, p.12.

Deloitte (2005): Football Money League, Manchester.

Deloitte (2008): Football Money League, Manchester.

Diekmann, A. (2004): Empirische Sozialforschung. Grundlagen, Methoden, Anwendungen, Reinbek bei Hamburg.

DocuWatch (2006): Handy-TV, in: DocuWatch digitales Fernsehen, 03/2006, Hamburg.

Downie, K. (2004): Can the Internet save TV?, in: Internetworld, http://www.iw.com/node/25, (Zugriff am 18.12.2007).

Ducrey, P./Ferreira, C./Huerta, G./Marston, K. (2003): UEFA and Football Governance: A new model. Adaptations for the challenges of modern football. Final Projekt Work, International Centre of Sports Studies (CIES), http://www.fifamaster.org/does/fp2003-1pdf (Zugriff am 07.04.2008).

EIAA (2006): European Interactive Advertising Association – Marketer's Internet Ad Barometer 2006.

Ernst & Young (2007): Bälle, Tore und Finanzen IV, Essen.

European Media Business & Finance (1997): Manchester United Channel – It's Official!, in: European Media Business & Finance, 06/10/1997, p.1.

Flick, U. (2006): Qualitative Sozialforschung. Eine Einführung, 4. Auflage, Reinbek bei Hamburg.

Freeman, R. (1984): Strategic Management. A Stakeholder Approach. Pitman.

Frey, D. (2005): Neues Vermarktungsmodell fordert die Vereine, in: Horizont Sportbusiness monthly, 03/2005, S. 6f.

Fry, A. (2003): Looking For The Right Channel, in: Sportbusiness International, 06/2003, S. 48-50.

Gabler Wirtschaftslexikon (2000): Band 1, 15. Aufl., Wiesbaden.

Garrahan, M. (2003): The Fabulous Money Machine: Manchester United, in: Financial Times, London, 26/04/2003, p. 3.

Gerrard, B. (2006): Competitive Balance and the Sports Media Rights Market: What are the Real Issues?, in: Jeanrenaud, Késenne [Hrsg.]: The Economics of Sport and the Media, S. 26-36.

Gläser, J./Laudel, G. (2004): Experteninterviews und qualitative Inhaltsanalyse als Instrumente rekonsruierender Untersuchungen, Wiesbaden.

Glendinning, M. (2007): Beat 'em Or Join 'em, in: Sportbusiness International, August 2007, http://www.sbrnet.com/Publication.asp?function=detail&magid=165056, (Zugriff am 20.03.2008).

Goes, N. (2006): Videoplattformen haben wenig zu befürchten, in: Horizont Sportbusiness monthly, 12/2006, S. 6f.

Goldmedia (2007a): IPTV 2012. Marktpotentiale für IP-basiertes Fernsehen in Deutschland. Berlin.

Goldmedia (2007b): Deutsche IPTV-Angebote auf dem Prüfstand. Präsentation von Prof. Dr. Klaus Goldhammer beim Sponsors Medienforum, 24.09.2007, Frankfurt.

Gratton, C./Solberg, H. (2007): The economics of sports broadcasting. Oxon.

Grimshaw, C. (2005): Football clubs net global winner, in: Marketing, London, 03/08/2005, p.15.

Günther-Eickstädt, G. (2005): Vermarktung in Häppchen setzt sich durch, in: Horizont Sportbusiness monthly, 02/2005, S. 6f.

Harverson, P. (1997): Football unlocking value of brand Buoyant Manchester United to set up subscription channel, in: Financial Times, London, 01/10/1997, p.23.

Hawley, S. (2007): Editor's Introduction, in: IPTV news, 01/2007, S.3.

Henning-Thurau, T./Walsh, G./Schrader, U. (2003): VHB-Jourqual: Ein Ranking von betriebswirtschaftlich-relevanten Zeitschriften auf der Grundlage von Experten-urteilen, http://www.hennig-thurau.de/VHB%20JOURQUAL.html, (Zugriff am 07.11.2007).

Horizont Sportbusiness (2001a): Top-Clubs gehen auf Sendung, http://www.sportbusiness.horizont.net/topstories/pages/show.prl?params=keyword%3Dtop%20clubs%20gehen%20auf%20sendung%26all%3D1%26type%3D2%26laufzeit%3D0&id=486&currPage=1, (Zugriff am 01.03.2008).

Horizont Sportbusiness (2001b): Abends um halb acht, in: Horizont Sportbusiness, 12/2001, S. 70.

Horizont Sportbusiness (2002a): Sendeschluss für Potofski, in Horizont Sportbusiness, 02/2002, S. 12.

Horizont Sportbusiness (2002b): Zapfenstreich für „Auf Schalke“, http://www.sportbusiness.horizont.net/topstories/pages/show.prl?params=keyword%3Dzapfenstreich%20f%FCr%20auf%20schalke%26all%3D1%26type%3D2%26laufzeit%3D0&id=627&currPage=1, (Zugriff am 29.02.2008).

Horizont Sportbusiness (2004a): Arsenal startet TV-Magazin für das Ausland, http://www.sportbusiness.horizont.net/topstories/pages/show.prl?params=keyword%3Darsenal%20startet%20tv%20magazin%26all%3D1%26type%3D2%26laufzeit%3D0&id=3755&currPage=1, (Zugriff am 29.02.2008).

Horizont Sportbusiness (2004b): Bayern und T-com starten Club-TV auf DSF, in: Horizont Sportbusiness, 03/2004, S. 46.

Horizont Sportbusiness (2005): FC Bayern stellt sein TV-Magazin ein, http://www.sportbusiness.horizont.net/topstories/pages/show.prl?params=keyword%

3Dbayern%20stellt%20sein%20tv%20magazin%20ein%26all%3D1%26type%3D2%26laufzeit%3D0&id=4971&currPage=1, (Zugriff am 29.02.2008).

Hund, J. (2007): Triple Play. Konvergenz von Internetzugang, Telefonie und Television. Berlin.

Hunter, P. (2007): Internet TV, in: IPTV news, 01/2007, S. 14-16.

IAB (2007): Interactive Advertising Bureau – Annual Report.

Kaumanns, R./Siegenheim, V. (2006): Video-On-Demand als Element im Fernsehkonsum?, in: Media Perspektiven, 12/2006, S. 622-629.

Keaveney, S.M. (1995): Customer Switching Behavior in Service Industries: An Exploratory Study, in: Journal of Marketing, Vol. 59, No. 2, pp. 71-82.

Keiper, J. (2004): Filme online und on demand. Zur Konzeption von filmportal.de, Deutsches Filminstitut, http://www.filmportal-projekt.de/download_filmportal/doku/portal_b_04_10_05_txt.pdf (Zugriff am 12.03.2008).

Klotz, P./Oediger, F. (2006): Neue Generation Klub-TV, in: Sponsors, http://www.sponsors.de/index.php?id=71&tx_ttnews[tt_news]=1936, (Zugriff am 04.03.2008).

Klotz, P./Weilguny, M. (2007): Sportmedien 2.0, in: Sponsors, http://www.sponsors.de/index.php?id=71&tx_ttnews[tt_news]=13779, (Zugriff am 19.12.2007).

Konrad, K. (1999): Mündliche und schriftliche Befragung, Landau.

Mahler, G. (2006): Geschäftsmodell der Telefónica Deutschland, in: Picot, A., Bereczky, A., Freyberg, A. [Hrsg.]: Triple Play. Fernsehen, Telefonie und Internet wachsen zusammen, S. 75-80.

Maloney, C. (2007): Pirates Of The Digital Millennium?, in: Sport and Technology, Juli 2007, http://www.sportandtechnology.com/features/0508.html, (Zugriff am 04.03.2008).

Mayer, H. (2002): Interview und schriftliche Befragung. Entwicklung, Durchführung und Auswertung. München.

Mayring, P. (2007): Qualitative Inhaltsanalyse. Grundlagen und Techniken, 9. Auflage, Weinheim.

Medientage München (2007): Mit High-End-Inhalten gegen User Generated Content, Pressemitteilung vom 7. November 2007.

Meuser, M., Nagel, U. (1997): Das Experteninterview – wissenssoziologische Voraussetzungen und methodische Durchfürhung. In: Friebertshäuser, B./Prengel, A. [Hrsg.]: Handbuch Qualitative Forschungsmethoden in der Erziehungswissenschaft, Weinheim, S. 481-491.

Meuser, M./Nagel, U. (1991): ExpertInneninterviews – vielfach erprobt, wenig bedacht. Ein Beitrag zur qualitativen Methodendiskussion, in: Garz, D./Kraimer, K [Hrsg]: Qualitativ-empirische Sozialforschung, S. 441-469.

Micus Management Consulting GmbH (2006): Gesamtwirtschaftliche Auswirkungen der Breitbandnutzung. Studie im Auftrag des Bundesministeriums für Wirtschaft und Technologie. Düsseldorf.

New Media Age (2007): Top football clubs snub YouTube over concerns about copyright, in: New Media Age, 08.03.2007, S. 3.

Peymani, B. (2007): Der Michel meidet die Zukunft, in: Horizont Sportbusiness, 03/2007, S.8-11.

Picot, A. (2006): Begrüßung und Einführung, in: Picot, A., Bereczky, A., Freyberg, A. [Hrsg.]: Triple Play. Fernsehen, Telefonie und Internet wachsen zusammen, S. 1-8.

Porter, M. (1985): Competitive Advantage. New York.

Röder, T. (2005): Live Streaming. Seminar Internet Mesurement, Technische Universität München, http://www.net.informatik.tu-muenchen.de/teaching/SS05/measurement/abgaben_final/ausarbeitungen/Roeder_HS_IM_Live_Streaming_Ausarbeitung.pdf, (Zugriff am 02.03.2008).

Scheer, C./Deelmann, T./Loos, P. (2003): Geschäftsmodelle und internetbasierte Geschäftsmodelle – Begriffsbestimmung und Teilnehmermodell, in: Working Papers of the Research Group Information Systems & Management, Paper 12, Dezember 2003.

Schnell, R. (1993): Methoden der empirischen Sozialforschung, 4. Auflage, München.

Smith, D. (2006): Serving The Fanatics, in: Sportbusiness International, April 2006, http://www.sbrnet.com/Publication.asp?function=detail&magid=156946, (Zugriff am 20.03.2008).

Sponsors (2006): Fan-Magazin des FC Köln künftig auf center.tv, in: Sponsors, 08.08.2006, http://www.sponsors.de/index.php?id=71&tx_ttnews[tt_news]=9604 (Zugriff am 29.02.2008)

Sponsors (2007a): Bedrohung exklusiver Sportrechte durch "Peer-to-Peer-TV"?, in: Sponsors, 01.12.2007, http://www.sponsors.de/index.php?id=71&tx_ttnews[tt_news]=15173, (Zugriff am 03.03.2008).

Sponsors (2007b): Telekom bietet Internet-TV für alle Klubs, in: Sponsors, 01.01.2007, http://www.sponsors.de/index.php?id=71&tx_ttnews[tt_news]=2007, (Zugriff am 03.03.2008).

Sportbusiness International (2002): Arsenal and Liverpool to launch own TV channels, http://www.sportbusiness.com/news/144069/arsenal-and-liverpool-to-launch-own-tv-channels, (Zugriff am 01.03.2008).

Sportbusiness International (2007): Manchester buys ITV stake in MUTV, http://www.sportbusiness.com/news/162954/manchester-united-buys-itv-stake-in-mutv, (Zugriff am 01.03.2008).

Stabell, C./Fjeldstad, Ø. (1998): Configuring value for competitive advantage: On chains, shops, and networks, in: Strategic Management Journal, Vol. 19, Iss. 5, S. 413-437.

Stauss, B./Bruhn, M. (2007): Wertschöpfungsprozesse bei Dienstleistungen. Eine Einführung in den Sammelband, in: Bruhn, M. [Hrsg.]: Wertschöpfungsprozesse bei Dienstleistungen. Forum Dienstleistungsmanagement, S. 3-28.

Theyson, S. (2006): Willingness to pay for soccer reports on the internet, in: International Journal of Sports Marketing & Sponsorship, Vol.8 Iss.1, October 2006, pp. 16-33.

Wahl, C. (2006): Geschäftsmodell der Kabel Deutschland GmbH, in: Picot, A., Bereczky, A., Freyberg, A. [Hrsg.]: Triple Play. Fernsehen, Telefonie und Internet wachsen zusammen, S. 89-93.

Weilguny, M. (2005): Ballungsraumfernsehen: Chance für Klubs und Sponsoren, in: Sponsors, http://www.sponsors.de/index.php?id=71&tx_ttnews[tt_news]=1694, (Zugriff am29.02.2008).

Weilguny, M. (2007): Web-TV wartet auf Durchbruch, in: Sponsors, http://www.sponsors.de/index.php?id=71&tx_ttnews[tt_news]=14496, (Zugriff am 18.03.2008).

Wirtz, B. (2005): Medien- und Internetmanagement, 4. Auflage, Wiesbaden.

Wirtz, B. (2008): Deutschland Online 5, München.

Wirtz, B., Burda, H., Raizner, W. (2006): Deutschland Online 4, München.

Woldt, R. (2002): Pay-TV: Marktbereinigung auf breiter Front, in: Media Perspektiven, 11/2002, S. 534-543.

Woratschek, H. (2004): Kooperenz im Sportmanagement – eine Konsequenz der Wertschöpfungslogik von Sportwettbewerben und Ligen, in: Zieschang, K, Woratschek, H., Beier, K. [Hrsg.]: Kooperenz im Sportmanagement, Köln, S. 9-29.

Woratschek, H./Kunz, R./Ströbel, T. (2007): Schalke 04 TV, A Brand Alliance in the Spotlight of Sport and the New Media – Where's the beef?, in: Sport Marketing Europe, Iss. 3, Autumn 2007, pp. 27-31.

Woratschek, H./Roth, S./Pastowski, S. (2002): Geschäftsmodelle und Wertschöpfungskonfigurationenen im Internet, in: Marketing. Zeitschrift für Forschung und Praxis, Spezialausgabe „E-Marketing" 2002, S. 57-72.

Woratschek, H./Schafmeister, G. (2005): Ist das Management von Sportbetrieben ein besonderes Business? – Eine Analyse der Besonderheiten in der Wertschöpfung von Sportbetrieben, in: Brehm, Heermann, Woratschek [Hrsg.]: Sportökonomie – Das Bayreuther Konzept in zehn exemplarischen Lektionen, S. 29-49.

Yu, C. (2007): Professional Sports Marketers' Perceptions Regarding the Use of Web Advertising, in: European Sport Management Quarterly, Vol. 7 Nr, 2, pp. 213-286.

Zerdik, A./Picot, A./Schrape, K./Artopé, A./Goldhammer, K./Heger, D./ Lange, U./Vierkant, E./Lopez-Escobar, E./Silverstone, R. (2001): Internet-Ökonomie: Strategien für die digitale Wirtschaft, 3. Auflage, Berlin.

Zimbalist, A. (2006): Economic Perspectives on Market Power in the Telecasting of US Team Sports, in: Jeanrenaud, Késenne [Hrsg.]: The Economics of Sport and the Media, S. 160-178.

Onlineadressen

Transfermarkt: Übersicht über die Marktwerte der Spieler in den europäischen Ligen, http://www.transfermarkt.de/de/international/2007/int/uebersicht/menue_internationa l/startseite.html, (Zugriff am 20.04.2008).

Fachhochschule Heilbronn: Linksammlung zu Sportmanagement- und Marketing-Zeitschriften, http://mitarbeiter.fh-heilbronn.de/~bezold/deutsch/links_d.htm, (Zugriff am 10.03.2008).

UEFA-Fünfjahreswertung: Aktueller Stand der für die Verteilung der Startplätze im Europapokal maßgeblichen Fünfjahreswertung der UEFA, http://www.5-jahres-wertung.de/APD/Online/5-Jahres-Wertung.htm, (Zugriff am 20.04.2008).

Eintracht Frankfurt e.V.: Forum der Homepage von Eintracht Frankfurt, http://www.eintracht.de/meine_eintracht/forum/7/11125804/?page=1, (Zugriff am 07.04.2008).

FC Schalke 04 e.V.: Homepage des FC Schalke 04, http://www.100-schalker-jahre.de/stichtag_040730_dsf.php, (Zugriff vom 18.11.2007).

Kabel Deutschland GmbH: http://www.kabeldeutschland.de/highspeed-internet/detail_flat_deluxe.html, (Zugriff am 03.03.2008).

Deutsche Telekom AG: http://entertain.eki.t-home.de/offers/, (Zugriff am 03.03.2008).

IPTV-Anbieter: Unterschied IPTV-Web-TV, http://www.iptv-anbieter.info/unterschied-iptv-webtv.html, (Zugriff am 02.03.2008).

ARD/ZDF-Onlinestudie: http://www.ard-zdf-onlinestudie.de, (Zugriff am 06.03.2008).

Global internetTV Portal: http://www.global-itv.com/de.php, (Zugriff am 18.03.2008).

OECD Broadband Subscriber Criteria: http://www.oecd.org/document/46/0,3343,en_2649_33703_39575598_1_1_1_1,00.ht ml, (Zugriff am 04.03.2008).

Rechtsquellen

Statuten der UEFA i.d.F. vom Juni 2007.
Reglement der UEFA Champions League 2007/08.
Reglement des UEFA-Pokals 2007/08.
Reglement des UEFA Intertoto-Pokals 2007/08.
Reglement des UEFA Super-Pokals 2007/08.
Ordnung für die Verwertung kommerzieller Rechte (OVR) i.d.F. vom 07.08.2007.
Satzung des Ligaverbands i.d.F. vom 12.02.2007.
Durchführungsbestimmungen zu den Medienrichtlinien für die Spiele der Bundesliga und 2. Bundesliga, Saison 2007/08.
Règlement Intérieur Audiovisuel de la Ligue de Football Professionnel 2007/08.

Experteninterviews

Interview 01: persönlich durchgeführt am 14.03.2008
Interview 02: persönlich durchgeführt am 02.04.2008
Interview 03: persönlich durchgeführt am 13.03.2008
Interview 04: persönlich durchgeführt am 31.03.2008
Interview 05: persönlich durchgeführt am 25.03.2008
Interview 06: persönlich durchgeführt am 04.04.2008
Interview 07: persönlich durchgeführt am 13.03.2008
Interview 08: per Skype-Chat durchgeführt am 12.04.2008
Interview 09: persönlich durchgeführt am 26.03.2008
Interview 10: persönlich durchgeführt am 15.03.2008
Interview 11: telefonisch durchgeführt am 01.04.2008
Interview 12: telefonisch durchgeführt am 01.04.2008
Interview 13: persönlich durchgeführt am 17.03.2008
Interview 14: persönlich durchgeführt am 11.04.2008
Interview 15: telefonisch durchgeführt am 31.03.2008
Interview 16: persönlich durchgeführt am 18.03.2008

Antje Luz

Fußballgötter

und ihre Philosophien

unter besonderer Mitwirkung von Paolo Maldini, Gigi Buffon, Rino Gattuso, Ricky Kaká, Luca Toni, Andreij Schewtschenko, Zlatan Ibrahimovic u.a.

mit einem Vorwort von Jürgen Klinsmann

ISBN 978-3-8382-0258-7
164 Seiten, mit zahlr. Abb. Paperback, € 19,90

Erhältlich in jeder Buchhandlung
oder direkt bei

ibidem

Fußballgötter und ihre Philosophien ist kein Buch über Spieler und Vereine oder die Geschichte des italienischen Fußballs. Es handelt sich ebenso wenig um eine Analyse soziologischer, politischer und wirtschaftlicher Aspekte des Fußballs in Italien. Es ist all das – und noch sehr viel mehr: Es ist ein Buch darüber, was wir von Fußballchampions lernen können, um unsere Ziele leichter zu erreichen und (auch uns selbst) zu übertreffen.
Elf Spitzenspieler, fast alle Weltmeister, sprechen in Einzelinterviews über ihre persönliche Spielphilosophie, die über Talent, Technik und Taktik hinausgeht. Sie sind vor allem deshalb zu den Besten geworden, weil sie mentale Qualitäten entwickelt haben, die im modernen Fußball unverzichtbar sind. Die Philosophien dieser Spieler gelten für den Fußball im Besonderen und können für das Leben im Allgemeinen als Orientierung dienen.
Der Mensch ist, wozu er sich macht. Mit diesem Buch können Sie sich selbst zum Champion machen. Lust, in der Königsklasse des Lebens zu spielen?

Die Autorin:
Antje Luz wurde 1968 in Rottweil geboren. Sie ist Freie Journalistin und Managementtrainerin. Sie beobachtet und analysiert internationalen Fußball für die Financial Times Deutschland, Die Welt, den Südkurier, Spiegel Online und andere Medien. Antje Luz studierte Politik und Wirtschaft in Konstanz, später Philosophie und Medienwissenschaft in Konstanz, Pavia / Italien und Boston / USA. In ihrem Buch entfaltet die Serie-A-Expertin faszinierende Facetten rund ums grün-weiß-rote Leder – und projiziert sie auf das ganze Leben. Neben Fußball liebt sie Autos und Musik.

ibidem-Verlag • Melchiorstr. 15 • 70439 Stuttgart • Tel.: 0711/9807954 • Fax: 0711/8001889
ibidem@ibidem-verlag.de

Lars Geiges

Fussball in der Arbeiter-, Turn- und Sportbewegung

Ein zum Scheitern verurteiltes Spiel?

ISBN 978-3-8382-0225-9
132 S., Paperback, € 24,90

Erhältlich in jeder Buchhandlung
oder direkt bei

ibidem

Dass Fußball ein Arbeitersport ist, ist ein historischer Mythos. Tatsächlich war der Kampf um den Ball in der Arbeiterbewegung der Weimarer Jahre zunächst als bürgerlich verpönt. Das Spiel fördere Konkurrenzdenken und Egoismus, hieß es dereinst. Stars wurden gemobbt. Entnervt und gelockt vom bürgerlichen Deutschen Fußball-Bund (DFB), verließen sie häufig die Fußballsparte der Arbeiter-, Turn- und Sportbewegung (ATSB). Der Versuch, auf eine sozialistische Weise Fußball spielen zu lassen, war da längst gescheitert.

Was waren die Gründe dafür, dass politische Anschauung und Charakter des Spiels nicht vereinbar waren? Lars Geiges untersucht in seiner Studie anhand von Arbeitersportzeitungen die Ideologie, den Spielbetrieb sowie die Struktur des ATSB und vergleicht sie mit dem angeblich unpolitischen DFB. Die Ursachen des Scheiterns des ATSB werden sichtbar.

Der Autor:

Lars Geiges, Jahrgang 1981, ist Politologe und Sportwissenschaftler. Er hat in Göttingen und Italien studiert. Derzeit arbeitet er als freier Journalist in Nordrhein-Westfalen und betreibt ein politisches Blog unter www.larsgeiges.de.

Erschienen in der Schriftenreihe *Göttinger Junge Forschung*, herausgegeben von Matthias Micus.

ibidem-Verlag • Melchiorstr. 15 • 70439 Stuttgart • Tel.: 0711/9807954 • Fax: 0711/8001889
ibidem@ibidem-verlag.de

Christian Keller

Corporate Finance im Profifußball

Erfolgsfaktoren, Strategien und Instrumente für die Finanzierung von Fußballunternehmen

ISBN 3-89821-711-6

250 S., Paperback, € 29,90

Erhältlich in jeder Buchhandlung
oder direkt bei

ibidem

Fußballvereine vergangener Tage haben sich zu Fußballunternehmen entwickelt, die in ihrer ökonomischen Dimension mit mittelständischen Unternehmungen aus klassischen Wirtschaftsbranchen vergleichbar sind. Der Wandel vom gemeinnützigen Verein zum Dienstleister eines kommerzialisierten Fußballmarktes fordert von den Clubs eine grundlegende Neustrukturierung ihrer betriebswirtschaftlichen und organisatorischen Funktionsprozesse.

Offensichtlich verfügen jedoch nur wenige Fußballunternehmen über einen dem Grad der Kommerzialisierung entsprechenden Entwicklungsstand ihrer Steuerungsstrukturen. Meldungen über Liquiditätsdefizite, Verluste oder existenzgefährdende Schuldenstände sind im Profifußball beinahe schon die Regel.

Vor dem Hintergrund dieser evidenten Diskrepanz stellt Christian Keller die Frage nach Erfolgsfaktoren, Strategien und Instrumenten für die Finanzierung von Fußballunternehmen. Die Analyse dieser Problematik gelingt ihm auf beeindruckende Weise. Christian Kellers Studie ist mit dem Otto-Johannsen-Preis der Hochschule Reutlingen für herausragende Forschungsleistungen ausgezeichnet.

Führungskräfte des Profifußballs erhalten wertvollen Input für die systematische, zielorientierte Gestaltung der Corporate Finance in ihren Clubs. Allgemein wendet sich das Buch an Dozenten und Studenten der Sportökonomie und des Sportmanagements sowie der Betriebswirtschaftslehre mit den Schwerpunkten Finanzierung und Unternehmensführung.

Der Autor:

Christian Keller, Jahrgang 1978, Master of Business Administration, Diplom-Betriebswirt, promoviert im Forschungsfeld Sportmanagement am Institut für Sportwissenschaft der Eberhard-Karls-Universität Tübingen.

ibidem-Verlag
Melchiorstr. 15
D-70439 Stuttgart
info@ibidem-verlag.de

www.ibidem-verlag.de
www.ibidem.eu
www.edition-noema.de
www.autorenbetreuung.de

Zeitfracht Medien GmbH
Ferdinand-Jühlke-Straße 7
99095 Erfurt, Deutschland
produktsicherheit@kolibri360.de